Santiago Echeverría

ORTOGRAFIA
para evaluación

V Vicens Vives

PROPERTY OF
ALSP LIBRARY
DALEY COLLEGE

Este libro está impreso en papel ecológico reciclable y con tintas exentas de elementos pesados solubles contaminantes (*Plomo, Antimonio, Arsénico, Bario, Cadmio, Cromo, Mercurio y Selenio*), que cumplen con la Directiva Europea 88/378/UE, según la norma revisada EN/71.

Decimo cuarta edición
Décimo cuarta reimpresión, 1996

Depósito Legal: B. 6.101-1996
ISBN: 84-316-1818-3
Nº de Orden V.V.: H-914

© S. ECHEVARRÍA
  Sobre la parte literaria
© VICENS VIVES PRIMARIA, S.A.
  Sobre la presente edición.

Obra protegida por la LEY 22/1987 de 11 de noviembre de Propiedad Intelectual. Los infractores de los derechos reconocidos a favor del titular o beneficiarios del © podrán ser demandados de acuerdo con los artículos 123 a 126 de dicha Ley y podrán ser sancionados con las penas señaladas en la Ley Orgánica 6/1987 por la que se modifica el artículo 534 del Código Penal. Prohibida la reproducción total o parcial por cualquier medio, incluidos los sistemas electrónicos de almacenaje de reproducción, así como el tratamiento informático. Reservado a favor del Editor el derecho de préstamo público, alquiler o cualquier otra forma de cesión de uso de este ejemplar.

IMPRESO EN ESPAÑA
PRINTED IN SPAIN

Editado por VICENS VIVES PRIMARIA, S.A. Avda. de Sarriá, 130. E-08017 Barcelona.
Impreso por LIBERGRAF, S.L. Constitución, 19, bloque 8, nº 19. E-08014 Barcelona.

PROLOGO

En los últimos años se ha demostrado cuán necesario era volver a insistir sobre los conocimientos ortográficos del alumno de Enseñanza General Básica, así como del que frecuenta los estudios de Bachiller o de cultura general. En exámenes, concursos y ejercicios de toda índole se ha observado un lamentable descenso de nivel. Este pensamiento nos ha inducido a la confección de este libro. Su fin primordial es servir de poderoso auxiliar del pedagogo, enfrentado diariamente con el arduo deber de inculcar a sus muchachos las normas elementales que rigen la ortografía de las palabras.

He procurado que en "Ortografía para evaluación" tuviesen cabida únicamente las palabras que integran el vocabulario corriente de los escolares. Si algunas se salen de esta norma es debido a que están supeditadas a la aclaración de una determinada regla.

Con el primordial objeto de atenuar la aridez que encierra la enseñanza de la ortografía y despertar la curiosidad e interés en la mente del niño, he redactado los temas teniendo en cuenta sobre todo su amenidad y atractivo.

La dificultad de los mismos va en aumento gradual, de modo que, imperceptiblemente, el alumno llegará al final del curso debidamente preparado para resolver, sin escollos, los principales y más corrientes problemas ortográficos que se le planteen en futuros estudios de mayor alcance.

S. E.

ADVERTENCIA PRELIMINAR

Incluimos en los temas la numeración cardinal y la romana para que los alumnos puedan practicarlas diariamente al encabezar su trabajo y alcancen en su empleo la debida soltura.

Como mínimo, hemos procurado adaptar dos temas a cada regla. Ampliamos este número en algunos casos, con objeto de que la práctica repetida termine por grabar en la mente del alumno la norma ortográfica.

Siguiendo uno de los principios básicos de la Pedagogía, se ha puesto especial interés en cuidar la ilustración para asociar las reglas más difíciles a un dibujo.

Por último, queremos recordar las palabras de un eminente pedagogo: "La ortografía corriente es cuestión de observación, de memoria, de hábito; sólo se consigue a través de la repetición. Lo indispensable es *repetir mucho* y mantener una constante vigilancia".

ORTOGRAFIA

1

ORTOGRAFÍA es la parte de la Gramática que enseña el uso correcto de las letras y el de los signos auxiliares de la escritura.

NUMERACIÓN ESCRITA

1 ... uno	21 ... veintiuno	109 ... ciento nueve
2 ... dos	22 ... veintidós	200 ... doscientos
3 ... tres	23 ... veintitrés	300 ... trescientos
4 ... cuatro	24 ... veinticuatro	400 ... cuatrocientos
5 ... cinco	25 ... veinticinco	500 ... quinientos
6 ... seis	26 ... veintiséis	600 ... seiscientos
7 ... siete	27 ... veintisiete	700 ... setecientos
8 ... ocho	28 ... veintiocho	800 ... ochocientos
9 ... nueve	29 ... veintinueve	900 ... nuevecientos
10 ... diez	30 ... treinta	1.000 ... mil
11 ... once	31 ... treinta y uno	1.001 ... mil uno
12 ... doce	32 ... treinta y dos	10.000 ... diez mil
13 ... trece	40 ... cuarenta	10.003 ... diez mil tres
14 ... catorce	50 ... cincuenta	12.000 ... doce mil
15 ... quince	60 ... sesenta	50.000 ... cincuenta mil
16 ... dieciséis	70 ... setenta	100.000 ... cien mil
17 ... diecisiete	80 ... ochenta	100.001 ... cien mil uno
18 ... dieciocho	90 ... noventa	500.000 ... quinientos mil
19 ... diecinueve	100 ... cien	1.000.000 ... un millón
20 ... veinte	101 ... ciento uno	5.000.000 ... cinco millones

Tema uno

Escribir con letras del uno al cuarenta.

Tema dos

Escribir con letras del cuarenta y uno al ochenta.

Tema tres

Escribir con letras del ochenta y uno al ciento veinte.

Tema cuatro

Escribir con letras las siguientes cantidades:

154	259	787	1.507
179	299	815	**1.670**
184	457	969	**4.888**

NÚMEROS ORDINALES

1.º Primero	12.º Duodécimo	40.º Cuadragésimo
2.º Segundo	13.º Decimotercero	50.º Quincuagésimo
3.º Tercero	14.º Decimocuarto	60.º Sexagésimo
4.º Cuarto	15.º Decimoquinto	70.º Septuagésimo
5.º Quinto	16.º Decimosexto	80.º Octogésimo
6.º Sexto	17.º Decimoséptimo	90.º Nonagésimo
7.º Séptimo	18.º Decimooctavo	100.º Centésimo
8.º Octavo	19.º Decimonoveno	200.º Ducentésimo
9.º Noveno	20.º Vigésimo	300.º Tricentésimo
10.º Décimo	21.º Vigésimo primero	400.º Cuadringentésimo
11.º Undécimo	30.º Trigésimo	500.º Quingentésimo

Tema cinco

Escribir con letras del primero al cuadragésimo.

Tema seis

Escribir con letras del cuadragésimo primero al octogésimo.

Tema siete

Escribir con letras del octogésimo primero al centésimo décimo.

NUMERACIÓN ROMANA

Los números se representan por medio de las siguientes letras:

1	5	10	50	100	500	1.000
I	V	X	L	C	D	M

Para escribir los números romanos ha de tenerse en cuenta lo siguiente:

No debe repetirse la letra más de tres veces:

    Bien: 3......III   Mal: 4......IIII

Toda letra puesta a la derecha de una cifra le aumenta su valor:

    Ejemplo: V y I......VI... = 6
               X y II......XII = 12

Toda letra puesta a la izquierda de una cifra le disminuye su valor:

    Ejemplo: I y V......IV... = 4
               I y X......IX... = 9

Las unidades se transforman en millares si les ponemos una rayita horizontal encima y en millones poniéndoles dos.

    Ejemplo: 4.000......$\overline{IV}$ 4.000.000......$\overline{\overline{IV}}$

La V, L y D no pueden duplicarse:

    Bien: 10......X   Mal: 10......VV

1 ... I	18 ... XVIII	69 ... LXIX	109 ... CIX
2 ... II	19 ... XIX	70 ... LXX	114 ... CXIV
3 ... III	20 ... XX	71 ... LXXI	149 ... CXLIX
4 ... IV	21 ... XXI	74 ... LXXIV	399 ... CCCXCIX
5 ... V	22 ... XXII	75 ... LXXV	400 ... CD
6 ... VI	23 ... XXIII	77 ... LXXVII	444 ... CDXLIV
7 ... VII	30 ... XXX	78 ... LXXVIII	445 ... CDXLV
8 ... VIII	39 ... XXXIX	79 ... LXXIX	449 ... CDXLIX
9 ... IX	40 ... XL	80 ... LXXX	450 ... CDL
10 ... X	43 ... XLIII	81 ... LXXXI	899 ... DCCCXCIX
11 ... XI	49 ... XLIX	88 ... LXXXVIII	900 ... CM
12 ... XII	50 ... L	89 ... LXXXIX	989 ... CMLXXXIX
13 ... XIII	53 ... LIII	90 ... XC	990 ... CMXC
14 ... XIV	59 ... LIX	91 ... XCI	999 ... CMXCIX
15 ... XV	60 ... LX.	99 ... XCIX	1.666 ... MDCLXVI
16 ... XVI	61 ... LXI	100 ... C	8.000 ... $\overline{VIII}$
17 ... XVII	68 ... LXVIII	101 ... CI	949.449 ... $\overline{CMXLIX}$ CDXLIX

Tema ocho   VIII

Escribir con cifras romanas del uno al cincuenta.

Tema nueve   IX

Escribir con cifras romanas del cincuenta y uno al cien.

Tema diez   X

Escribir con cifras romanas las siguientes cantidades:

144	279	546	894
149	368	690	1.694
199	409	789	4.733

Tema once   XI

El alumno deberá poner con números romanos las fechas siguientes:

        Batalla del Guadalete (año 711).
        Batalla de las Navas de Tolosa (1212).
        Descubrimiento de América (1492).
        Muerte de Fernando el Católico (1516).
        Batalla de Lepanto (1571).
        El 2 de mayo del año 1808.
        Proclamación de Alfonso XII (1874).
        Dictadura del general Primo de Rivera (1923).

SILABAS Y PALABRAS

2

SÍLABAS

Sílaba es el grupo de sonidos que pronunciamos en un solo golpe de voz. Una vocal puede formar sílaba. Una consonante no.

Ejemplo: **a-ma-re-mos.**

Tema doce XII

Descomponer las palabras en sílabas: Sancho, que se vio acometer tan de improviso y oyó los vituperios que le decían, con una mano asió la albarda y con la otra dio un mojicón al barbero, que le bañó los dientes en sangre.

Tema trece XIII

Pero no por eso dejó el barbero la presa que tenía hecha en la albarda, antes alzó la voz de tal manera que todos los de la venta acudieron al ruido (del *Quijote*).

DIPTONGOS

Diptongo es la unión de dos vocales, una fuerte y otra débil, pronunciadas en una sola emisión de voz. No pueden separarse.

Vocales fuertes: a, e, o.   Vocales débiles: i, u.

Ejemplos: **llu-via, bue-no, gua-po.**

La **h** muda entre dos vocales no impide que formen diptongo. Ejemplo: sahu-me-rio

Tema catorce XIV

Descomponer las palabras en sílabas, fijándose en los diptongos: Vuelve el avión que vuela continuamente bajo la lluvia. Mi abuelo vio una boina nueva en la puerta del comercio. Luego comeremos un buen plato de alubias y un huevo. Al ferroviario le devolvieron su viejo violín. Después estudiaremos los adverbios y haremos la prueba de la división que nos pusieron como deber en el colegio. La avaricia y la envidia son vicios despreciables.

> Dos vocales débiles forman diptongo. No pueden separarse.
> Ejemplos: **ciu-dad, cui-da-do.**

Tema quince XV

Cuidado con el buitre que trajo el viudo. Los suizos son oriundos de Suiza. El bien triunfará siempre sobre el mal. La inundación ocasionó perjuicios en la ciudad. La cueva, cubierta de hierba, fue descubierta por los excursionistas. Los ciudadanos cuidan a los supervivientes del naufragio. Conmueve la devoción del escribiente. Luis hace ruido. El jesuita ha contribuido a reconstruir lo destruido. Se ha atribuido al beduino el auxilio que recibió el huido. Se han instruido en ese colegio.

Tema dieciséis XVI

El viento mueve con violencia la vivienda del sabio. El rubio tiene un huerto en las afueras de la población. Revienta el trueno y la miedosa sirvienta se refugia tras el biombo. Le duele el vientre al valiente teniente de aviación. No fue homicidio sino suicidio. En un hueco abierto en la parte inferior de la pared de nuestra habitación vieron nueve piedras. Han distribuido la gratificación del altruista y los retribuidos abandonan las ruinas.

> No forman diptongo si la **i** o la **u** lleva acento. Pueden separarse.
> Ejemplos: **sa-bí-a, pa-ís.**

Tema diecisiete   XVII

Descomponer las palabras en sílabas, teniendo en cuenta la regla anterior: Mi tío acentúa la palabra carbonería. Ríen cerca del río los judíos. Sabía que vendría María. Su nieto recibió el bautismo a los siete días de su nacimiento. Antonio barría en mi barrio. En seguida reúno los muebles y continúo el viaje hacia Alemania. Hacía rato que Elías contenía su alegría en la barbería. Raúl tenía maíz y un buen laúd en su baúl. Saúl continuó su conversación. Había oído la lección de los fenicios.

> No forman diptongo dos vocales fuertes. Pueden separarse.
>
> Ejemplos: **to-a-lla, be-o-do, be-a-ta.**

Tema dieciocho   XVIII

Creo que el maestro tiene el cuerpo geométrico. El bombardeo causó varios muertos. El boxeador comió bacalao en el restaurante del aeródromo. Seamos buenos, pues Dios premiará a los cristianos que guarden sus Mandamientos con la gloria del cielo. Veamos las hectáreas de terreno que tiene la hacienda. La criada puso en lejía las toallas. La religiosa de Bilbao continúa la explicación sobre el Paraíso.

Tema diecinueve   XIX

Traen, de un balneario de los Pirineos, agua para mi abuelita. Acarrean con alegría la nieve del patio de la escuela. Recibió la herencia del hospitalario veterinario. El novicio fue en un navío de su tío desde las Baleares, en el Mediterráneo, hasta las Canarias, en el océano Atlántico. Lucía estudia la historia cuya explicación ha oído. El viajante de Bilbao pasea. Estuvieron viendo las nerviosas gaviotas que vuelan sobre el puerto. Cierto día la viuda devolvió por correo una boina.

> La R. A. (Real Academia) ha autorizado cualquier división de palabras mientras corresponda al silabeo natural.
>
> Ejemplos: **de-sam-pa-ro o des-am-pa-ro.**

Tema veinte XX

Descomponer en sílabas: Desabrigado, desavenencia, inactivo, desayuno, desacierto, inadecuado, desafecto, inaguantable, desafinar, inauguración, desagradable, desagradecido, inhabitable, desagravio, inhospitalario, desahogar, desahuciar, inhumano, deshabitar, desairado, deshacer, deshojar, deshollinador, deshonra. desobedecer.

No pueden separarse las consonantes dobles **rr, ll** y **ch**.

Ejemplos: **ba-rri-ga, ca-ba-llo**.

Nunca: **bar-ri-ga, ca-bal-lo**.

Tampoco dos consonantes que vayan unidas en una sílaba.

Ejemplo: **a-bri-go;** nunca: **ab-ri-go**.

Tema veintiuno XXI

Hinchar, humillar, hombre, agravar, atravesar, esclavo, umbral, verruga, barrendero, batalla, bello, bocadillo, bombilla, breve, borriquito, botella, cebolla, comprobar, aprobado, derribar, explicar, extranjero, hablador, hebilla, herramienta, hierro, hollín, servilleta, vidrio, vientre, vitrina, bachillerato, ballena, bicicleta, bache, bollo, bellota, arroz, bandurria, acróbata.

PALABRAS SIMPLES Y COMPUESTAS

Aconsejamos a los alumnos tengan en cuenta los conceptos de palabra simple y compuesta, primitiva y derivada, ya que muchas veces les sacarán de dudas.

Simples son las que constan de un solo vocablo; ejemplo: **hielo**.

Compuestas son las que constan de dos o más vocablos; ejemplo: **rompehielos**.

Tema veintidós   XXII

Subrayar las palabras compuestas: Rebajar, volver, bajar, doblar, devolver, envolver, desdoblar, desobedecer, hospital, limpiabotas, obedecer, desvergüenza, inhospitalario, vergüenza, deshacer, desfavorable, honra, hacer, deshonra, favorable, inhumano, bienhechor, humano, avemaría, polvo, entrevista, guardapolvo, botas.

PALABRAS PRIMITIVAS Y DERIVADAS

Primitivas son las que no derivan de otras palabras del idioma.

Ejemplos: **caballo, borracho.**

Derivadas son las que se forman de otra palabra del idioma.

Ejemplos: **caballero, borrachera.**

Tema veintitrés   XXIII

Buscar los derivados de calvo, caballo, carne, caja, consejo, cabeza, sílaba, hijo, hoja, huerto, hueso, hueco, huésped, huevo, granja, viejo y cruz.

Tema veinticuatro   XXIV

Buscar los derivados de viaje, barba, bandera, hábil, barco, hielo, horror, bello, bueno, hilo, harapo, boxeo, gobierno, herencia, llave, rebelde, hierro y hora.

ACENTUACION

1.º — Son palabras agudas cuando la fuerza de la voz recae en la última sílaba. Ejemplos: **jardín, caracol.**

Pondremos acento gráfico en las palabras agudas que terminen en vocal, **n** o **s**. Ejemplos: **café, anís, balón.**

café   anís

Tema veinticinco   XXV

Acentúese debidamente: Tomara un cafe con anis en el balcon de su habitacion. El albañil saludo al general en el pabellon español. Veras el avestruz correr con rapidez. Mancho con un borron el deber de Pilar. Cosio el boton que encontro en el cajon. Entregare el albornoz al andaluz. El tribunal obligo al ladron a devolver el pincel y el barril de alcohol que cogio del almacen.

Los monosílabos fue, fui, vio y dio no se acentúan.

Tema veintiséis   XXVI

Entro en el vagon con su violin y viajo hasta Valladolid con un clavel en el ojal. Fui con Julian y me dio carbon. Vio el divan, se tumbo y durmio hasta el amanecer. Fue de excursion y vio subir vertical el vapor del volcan. Se encontro en el desvan el altavoz que compro al industrial de Sabadell. Andres, tan formal, echo un papel en el buzon y el municipal le castigo. El holgazan entro en el hotel a pedir el jergon de Isabel.

> Las formas verbales que vayan con acento siguen conservándolo aunque se les añada un pronombre.
>
> Ejemplos: **cayó, cayóse, cayósele.**

Tema veintisiete XXVII

Enviole perejil, recibiolo despues Jose y cayosele sobre el divan. Desenvolviole el compas en la habitacion. Guardoselo y devolviole el azadon al agricultor de Aviles. Vio Jerusalen y alegrose tanto que prometio volver. Sebastian escondio en el zurron el avion a reaccion que compro. ¡Adios! ¡Ojala me guarden el jabon de tocador! Fue con Valentin y compromiso el saxofon que vio. El corazon del previsor Joaquin latio febril al recibir el millon.

> **2.º** — Son palabras llanas o graves cuando la fuerza de la voz carga sobre la penúltima sílaba. Ejemplos: **lunes, ángel.**
>
> Pondremos acento gráfico en las palabras graves que acaben en consonante que no sea **n** ni **s**. Ejemplos: **cárcel, cáliz.**

cárcel   cáliz

Tema veintiocho XXVIII

El habil huesped visito al director de la carcel. Recibio de Cadiz un automovil. Victor compro un lapiz para el examen. El alferez Fernandez dibujo la imagen de la Virgen. El catalan vio bajar un caracol por la pared del comedor. El cristal es fragil. El cadaver del canibal no asusto al explorador. Mendez Nuñez, marino de caracter, bombardeo la plaza a pesar de la oposición del almirante ingles. No creyo util hacer un resumen de la leccion.

> La combinación **ui** no se acentúa si cae dentro de esta **2.ª** regla; ejemplo: destruido.

Tema veintinueve XXIX

Fernandez enviara su album a Tanger. Resulto inutil el combate final del pugil. El labrador recogio el estiercol para abonar las cebollas. El martes vendra el sacristan de la iglesia de San Felix. Apareciosele el angel a la martir antes de morir. Rodriguez regara el arbol y el cesped de su jardin. Cristobal Colon descubrio San Salvador el 12 de octubre de 1492, festividad de la Virgen del Pilar. El movil del crimen fue su ambicion. El jesuita ha distribuido la gratificación. El beduino atraveso la ciudad destruida, llena de ruinas.

> Se acentúan las palabras que finalicen en dos vocales, si la primera es débil y sobre ella recae la fuerza de la voz.
> Ejemplo: **María.**

Tema treinta XXX

Tenia Julia en la pasteleria un belen. Hacian el desvio de la via del ferrocarril. Visito mi tia el hospicio y se regocijo con la alegria de la chiquilleria. Sabia que vendria y por eso fui con la postal de Andres. Se acentua la sequia con este calor. Ganole la partida de ajedrez y la victoria celebrola con anis que le servia el agil Cesar. Sabia la leccion de la savia vegetal. El sabio embarco con rapidez en el navio cuando el altavoz anuncio que partia al mediodia. El gitano limpio el hollin.

> 3.º — Son palabras esdrújulas cuando la fuerza de la voz recae en la antepenúltima sílaba. Ejemplos: **máquina, pájaro.**
> Todas las palabras esdrújulas llevan acento gráfico.

Tema treinta y uno XXXI

Esperabamos los platanos que Candido cortesmente facturo. De Lerida llego la maquina con averia. Las mayusculas tambien se acentuan. El sabado comproles con gran jubilo las sabanas de liquidacion. Desde el vertice trazo una vertical a la base. El arbitro llegara a Mejico la vispera de la competicion. El cardenal visitara la catedral gotica el proximo miercoles. El ejercito de Cesar derroto a los barbaros. El acrobata saco un revolver y amenazo al frances, dandole un susto mayusculo.

Tema treinta y dos XXXII

Pilarin dibujo un angulo concavo. Como deber leeras la fabula del leon y el raton. Descanso la victima en el vestibulo y subio al vehiculo que marcho como una exhalacion. Amaras al projimo y a Dios serviras. Cuentame las silabas de la palabra tuberculo. El medico opero del estomago a mi mama. El parvulo perdio la valvula y una helice del avion. El arcangel San Gabriel visito a la Virgen Maria en Nazaret. Pesaras en la bascula el monton de carbon. El huerfano dio un rabano al hipopotamo del Parque Zoologico.

Tema treinta y tres XXXIII

Fui con el baston de bambu a comprar jabon a la fabrica. Vio el liquido en la botella y le echo azucar. Comeras melocoton en almibar el domingo. Felix encontro facilmente el boton. Se dio la comunion en el altar portatil. El tribunal envio al criminal al patibulo. La avaricia es un vicio que Maria no conoce. No fue dificil encontrar la pistola que estaba en el automovil junto al cadaver. Visitaran los baños arabes

Tema treinta y cuatro XXXIV

Buscare los datiles y dare un datil al heroe. El huesped recibio la bendicion del obispo. El director explico la leccion de gramatica. El carbon puede ser mineral y vegetal. El judio tenia una bisuteria. Jesus, Jose y Maria, amparad el corazon y el alma mia. El eter es un liquido volatil. Continua el volcan en actividad. Bebereis vino moscatel de Malaga en un porron. No busqueis la pagina. Beatriz efectua la prueba de la multiplicacion con extraordinaria porfia.

Se acentúan las palabras compuestas de metro, pero no las de litro y gramo.

Tema treinta y cinco XXXV

Joaquin volvio a la carcel para saludar al director. El aleman admiro la basilica. Rosalia entro en la enfermeria con el decimo de loteria. El capitan aviso a su oficial por telefono. Velazquez es un pintor de fama universal. Matias exceptua todavia a los guias.

El camino vecinal tiene una longitud de tres kilómetros, ocho hectómetros y seis decámetros. El barril de vino de Jerez contiene dos hectolitros y seis decalitros. Medio kilogramo de turrón compre en Jijona para celebrar la Navidad.

> El primer elemento de la palabra compuesta no se acentuará; ejemplos: **decimoséptimo, rioplatense**. Se exceptúan los adverbios en mente; ejemplos: **ágilmente, cortésmente**.
>
> Si los elementos están separados con guión, cada uno conservará su acento si lo tuviere; ejemplo: **cántabro-leonés**.

ACENTUACIÓN DE CIERTOS MONOSÍLABOS

> . Los monosílabos sólo se acentúan cuando tienen más de un valor.

No se acentúan

El. — Artículo.
  Ése tiene el clavo.

Mi, tu. — Adjetivos posesivos.
  Mi barco. Tu bata.

De. — Preposición.
  La bola de mi hermano.

Si. — Conjunción.
  Si vienes, dímelo.

Se. — Pronombre.
  Se lo llevaré.

Te. — Pronombre.
  Te devuelvo la revista.

Mas. — Conjunción (Mas=pero)
  Quiso bordar la bandera, mas (pero) no tuvo hilo.

Aun. — (Incluso).
  Aun (incluso) los más valientes tienen miedo.

Se acentúan

Él. — Pronombre.
  Lo clavará él.

Mí, tú. — Pronombres personales
  Tú guardas un bombón para mí.

Dé. — Verbo.
  Dice que le dé cerveza.

Sí. — Adverbio o pronombre.
  Me dijo que sí.

Sé. — Verbo.
  Sé que tu abuelo está calvo.

Té. — Nombre.
  Tomaré el té con el inglés.

Más. — Adverbio.
  Fue el más valiente de todos.

Aún. — (Todavía).
  No ha estudiado aún (todavía).

NO SE ACENTÚAN	SE ACENTÚAN
Solo. — Adjetivo o nombre. *Creo que vuelve solo.*	**Sólo.** — Adverbio (Sólo = solamente). *Sólo (solamente) vale nueve pesetas.*
Este, ese, aquel (Femenino y plurales). — Adjetivos. (Los adjetivos acompañan a un nombre). *Aquel balón y este globo son baratos.*	**Éste, ése, aquél** (fe. y pl.). — Pronombres. (Los pronombres van solos.) *Aquél y éste son baratos.* Se exceptúan esto, eso, aquello. *Guárdame esto y trae aquello.*
Porque. — Conjunción. *Lo hice porque me convenía.*	**Por qué.** — Preposición y pronombre indefinido. *¿Por qué no vuelve?*
	Que, cual, quien, cuyo, donde, cuanto, cuando y **como** se acentúan usados como interrogativos, exclamativos o duda. *¿Qué quieres? ¡Qué pesado eres! No sé qué decirte.*

Tema treinta y seis   XXXVI

Acentuar debidamente: En este vagon viajara aquel viajante que es vecino de este. Aquellas te dejaran el libro de fabulas despues de tomar el te. Tu debes prohibir a tu huesped el dejar la ventana abierta. Para mi es mejor mi dibujo que el de el. ¿Por que no has barrido? Me aviso que no vendria porque tenia trabajo. Posee más alhajas que tu, mas son de poco valor.

Tema treinta y siete   XXXVII

El mas habil tejedor no vencera a este. ¿Quien te aviso? No se que respuesta darte. Lopez no acabo aun, mas es natural porque estaba solo. Solo lo terminaran cuando vayan mas. ¿Cuantos y cuando iran? ¿Quien vio mi novela? Aun despues de avisarle fue inutil. Ademas te haré una taza de te. Le dolia el higado al botones del hotel. El albañil hinchara tu balon. Aquellos revisaran eso. Que te de el libro de tu hermano. Vino hacia mi quejandose.

Tema treinta y ocho XXXVIII

No se que atavio es ese. Solo se que el arbitro de futbol llegara esta tarde porque lo ha dicho esta. No me gusta aquello. Este tribunal absolvio a Valentin. ¿Donde has comprado este esplendido gaban? ¡Qué division mas dificil! ¿Cuantos arboles corto Julian? Los grandes absorberan a los debiles. No saben cuantas paginas escribiran. ¿Cuando encargaras el balancin para el parvulo? No se nada de eso. El mas proximo a el lo vio, mas no lo dira. ¿Por que no vuelve? El gavilan escapo porque el cazador erro el tiro.

Tema treinta y nueve XXXIX

Para mi el cartabon. Tu te quedas el lapiz. En aquel monton de carbon halle aquello. El publico ovacionó al baritono. El alguacil publico la noticia. A los setenta años se jubilo el conserje Bonifacio. Con gran jubilo y alegria recibio la pension. ¿Cual de los dos vehiculos es mas veloz? Solo iba y solo volvia. Porque no solo vive tranquilo sino que piensa mas. No se cual debio ser, mas no me importa. Aun la bascula del burgues es incapaz de pesar ese cajon. Aprobo la revalida porque contesto bien la botanica.

Tema cuarenta XL

Dile que te de la lejia y el jabon de Carmen. Si viene, dimelo. No digas que si cuando todas las vacantes esten cubiertas. El cafe para mi y el te para el. ¡Que parabola tan bella la del Hijo Prodigo! ¿Cual betun prefieres? ¡Que ojos tan divinos! No se cual escoger. ¿Quien construyo esta boveda? ¿Dónde dejareis el bisturi? Aquellos visitaron este pabellon de la feria. No sabe aun la pagina que leemos. En Berlin, aun los mas humildes, celebraran esta festividad.

Tema cuarenta y uno XLI

Mas vale pajaro en mano que ciento volando. Olvidosele el kilogramo de tuberculos en el mostrador. Cayosele la mochila en el kilometro veintidos. ¡Cuanta fruta tienen los arboles de ese vergel! ¿Cuando me venderas el violon? No se como arreglare la averia. ¿Como la arreglarias tu? Solo te la puede arreglar el habil mecanico. Ruegale que te de el album de Jimenez. El ejercito recogera esto porque estos no se atreven. Vive solo, mas no le falta nada. Dio la bujia al genoves.

MAYÚSCULAS

4

> Se escribirá con mayúscula el principio de un escrito, después de punto y en los nombres propios.
>
> El más travieso me estorbaba. Tuve que dejar el deber.
>
> Ernesto, Ebro, Venezuela, Rocinante.

Tema cuarenta y dos   XLII

una zorra invitó a una cigüeña. le puso sopa en un plato. la cigüeña no pudo probarla. la zorra la lamió toda. entonces la cigüeña convidó a la zorra poniéndole una botella con comida. la zorra no pudo probar bocado. la cigüeña acabó con todo. como veis, también hay engaños para los pillos.

el duero.— la cuenca del duero está comprendida entre los montes cantábricos, el sistema ibérico y la cordillera carpeto-vetónica o central.

nace en los picos de urbión y pasa por soria, toro y zamora. sirve de límite entre españa y portugal. desemboca en el atlántico por oporto.

como afluentes recibe a la derecha el pisuerga y el esla, y a la izquierda el tormes, el eresma y el adaja.

Tema cuarenta y tres   XLIII

estudian elena y elvira la geografía de egipto, mientras bautista y bartolomé se entretienen en señalar en el mapa las ciudades de mahón, cartagena, gijón, belchite, bailén y betanzos.

atravesará genoveva el atlántico, haciendo escala en canarias, para desembarcar en buenos aires. allí abrazará a sus padres, abraham y herminia, que la esperan impacientes.

el ebro.— su cuenca está comprendida entre los pirineos, los montes de cataluña y el sistema ibérico.

nace cerca de reinosa, provincia de santander. pasa por las ciudades de logroño y zaragoza, donde besa los muros del pilar. desemboca en el mediterráneo por tortosa.

como afluentes tiene a la derecha el jalón y a la izquierda el aragón, segre y gállego.

> Se escribirán con mayúscula los calificativos que de un modo constante acompañen a un nombre; además, los números romanos.
>
> Alfonso X el Sabio, Jaime I el Conquistador, Castilla la Nueva.

Tema cuarenta y cuatro XLIV

carlos II el hechizado sucedió a su padre felipe IV bajo la tutela de mariana de austria.

alfonso el casto venció a los árabes en lugo y conquistó lisboa.

durante el reinado de alfonso V el noble se libró la batalla de calatañazor.

bajo el gobierno de alfonso II el casto se descubrieron en compostela los restos del apóstol santiago.

carlos el magno, generalmente llamado carlomagno el de la barba florida, fue vencido en roncesvalles donde murió su sobrino roldán.

sancho VII el fuerte de navarra se distinguió en las navas de tolosa.

Tema cuarenta y cinco XLV

sancho IV el bravo luchó contra los infantes de la cerda y liberó, más tarde, a jerez.

fernando III el santo se apoderó de jaén, córdoba y sevilla, subiendo a su muerte al trono alfonso X el sabio.

guzmán el bueno defendió valientemente tarifa.

jaime I el conquistador salió de tarragona con la escuadra y desembarcó en mallorca, conquistándola, al igual que valencia más tarde.

pedro III el grande venció a los franceses en sicilia, contribuyendo mucho a su gloria el almirante roger de lauria que deshizo la marina adversaria frente a nápoles.

> Se escriben con mayúscula los títulos de dignidad o autoridad, los atributos divinos y los colectivos que representen entidades o corporaciones:
>
> Príncipe de Nápoles, Presidente de las Cortes, Altísimo, Academia de Bellas Artes.

NOTA. — Si el **título** va acompañado del nombre de la persona que lo ostenta, deberá escribirse con minúscula.
La **reina** Isabel II. El **papa** Juan XXIII.

Tema cuarenta y seis   XLVI

La reina isabel de castilla y el rey fernando de aragón son conocidos con el nombre de reyes católicos.
El papa recibió en audiencia al duque del infantado.
En tiempos de felipe V se fundaron la real academia de la lengua y la real academia de la historia.
Los reyes de inglaterra, acompañados del príncipe de gales, revistaron la guardia de palacio.
El presidente de la república de francia vive en el elíseo.
Las naciones unidas discutirán el asunto de chipre.

Tema cuarenta y siete   XLVII

Entre los edificios públicos de barcelona mencionaremos el famoso salón de ciento, el palacio de la diputación provincial, audiencia, el palacio de la aduana, el gobierno civil, la oficina de hacienda, el palacio de la capitanía, la lonja, el grandioso templo de santa maría del mar, la catedral, santa maría del pino y muchos otros de enorme interés.
La biblioteca real, origen de la actual biblioteca nacional, se formó en tiempos del primer borbón.
En el vaticano el pueblo de roma anhela ver al sumo pontífice.
Sabemos que gonzalo fernández de córdoba, conocido como el gran capitán, conquistó italia para el rey católico.

> Se escriben con mayúscula los nombres y adjetivos que componen el título de una obra:
>
> **El Quijote, Diccionario de la Lengua Española.**

Tema cuarenta y ocho XLVIII

El cardenal cisneros fundó la universidad de alcalá y ordenó imprimir la biblia políglota.

Célebre escultor es francisco salzillo, nacido en murcia, que tiene obras famosas como la verónica, el ángel de la oración en el huerto, el beso de judas y otras más.

El pintor goya tiene obras importantes, de las que destacan: fusilamientos de la montaña del príncipe pío, la carga de los mamelucos, la familia de carlos IV, el cacharrero, la vendimia, el quitasol, etc., etc.

El lazarillo de tormes es una novela de autor desconocido.

De mahón recibí el libro elementos de historia natural.

Según la ley del código penal será condenada eloísa a tres meses de cárcel.

Se escriben con mayúscula los tratamientos, especialmente sus abreviaturas, y después de los dos puntos que se colocan en las certificaciones, cartas y en las citas de otras personas.

Señor, Sr.; Excelentísimo, Excmo.; Julián dijo: Hablad poco y trabajad mucho. Apreciado amigo: He recibido tu regalo.

Tema cuarenta y nueve XLIX

Inolvidable amigo: voy a contarte una historieta interesante que empieza así: "una vecina que vio a un zorro coger un gallo comenzó a dar grandes voces, diciendo: vecinos que el zorro se lleva mi gallo. Éste le dijo: contéstale a esa mujer que miente. El zorro se volvió para exclamar: ¿cómo dices, embustera, que es tuyo, si el mismo gallo confiesa que es mío? Aprovechó el gallo el descuido y voló hasta el árbol. El zorro le habló hipócritamente: baja, amigo mío, y te acompañaré a tu corral. El gallo, lanzando un potente canto, le contestó: me engañaste una vez y sólo me resta exclamar: imbécil sería si volviese a confiar en ti."

Espero te guste la narración y su moraleja que dice así: los más astutos caen a veces como inocentes.

Tema cincuenta L

El profesor nos explicó lo siguiente: cuenta la historia que la madre de boabdil le dijo al ver que lloraba la pérdida de granada: llora como mujer lo que no has sabido defender como hombre.

Mi querido profesor: deseo contarle la marcha de mis estudios.

Muy sr. mío: acabo de recibir su atenta carta.

Aníbal martos garcia, vecino de calasparra, a usía atentamente expone: que deseando matricularse...

El excmo y rvmo sr obispo de gerona visitará la escuela del magisterio.

RESUMEN

1.º — Al principio de un escrito después de punto y en los nombres propios.

El más travieso me estorbaba. Tuve que dejar el deber.
Ernesto, Ebro, Venezuela, Rocinante.

2.º — Los calificativos que de un modo **constante** acompañen a un nombre y los números romanos.

Alfonso X el Sabio, Jaime I el Conquistador, Castilla la Nueva.

3.º — Los títulos de dignidad o autoridad, los atributos divinos y los colectivos que representan entidades o corporaciones.

Príncipe de Nápoles, Presidente de las Cortes, Altísimo, Academia de Bellas Artes.

NOTA. — Si el **título** va acompañado del nombre de la persona que lo ostenta, deberá escribirse con minúscula.

La **reina** Isabel II. El **papa** Juan XXIII.

4.º — Los nombres y adjetivos que componen el título de una obra.

El Quijote, Diccionario de la Lengua Española.

5.º — Los tratamientos, especialmente sus abreviaturas, y después de los dos puntos que se colocan en las certificaciones, cartas, y en las citas de otras personas.

Señor, Sr.; Excelentísimo, Excmo.; Julián dijo: Hablad poco y trabajad mucho.

Apreciado amigo: He recibido tu regalo.

Tema cincuenta y uno   LI

Don enrique el navegante impulsó los viajes marinos.

De cervantes es la obra el ingenioso hidalgo don quijote de la mancha. También tiene las novelas ejemplares y una obra de aventuras titulada persiles y sigismunda.

El ángel le contestó: el espíritu santo vendrá sobre ti y la virtud del altísimo te hará sombra, y el santo que nazca de ti será llamado hijo de dios. María le dijo: he aquí la esclava del señor.

Entre los establecimientos de instrucción de barcelona destacan la universidad, la escuela de ingenieros industriales y el museo de bellas artes.

Tema cincuenta y dos   LII

Don fernando el católico nombró heredera a juana la loca, pero gobernó su esposo felipe el hermoso.

Fray luis de león escribió los nombres de cristo.

Fray luis de granada nos dejó su obra guía de pecadores.

El ministro campomanes formó el archivo de indias, sacando del archivo de simancas los documentos referentes a américa.

A finales del siglo XVIII se organizó el archivo de la corona de aragón.

Baldomero de carlo rigo, conde de cimera, escuchó las palabras del papa.

El presidente de las cortes abrió la sesión.

Mercados importantes tiene barcelona como el de la boquería, santa catalina, borne, barceloneta y san antonio.

Tema cincuenta y tres   LIII

Estimado compañero: no sabiendo cuando empiezan las clases te ruego me lo comuniques.

El papa juan XXIII ha sucedido al papa pío XII.

La virgen maría, madre del redentor, se afligió ante la cruz por la agonía de su hijo.

Tiene barcelona para su recreo el gran teatro del liceo, comedia, calderón y un número extraordinario de cines.

Estuvo viendo benito el museo de cera de parís.

Balbino oñate guerra, director de la agencia de seguros "el relámpago", certifica: que abelardo rejena pilo observa una conducta y una disposición para el trabajo ejemplares.

Santa teresa de jesús compuso las moradas.

Tema cincuenta y cuatro   LIV

Jesús instituyó el santísimo sacramento de la eucaristía en la última cena.

El tribunal supremo absolvió a jorge.

Distinguido sr.: obra en mi poder la factura de las mercancías que me remitió.

Lope de vega, llamado el fénix de los ingenios, y miguel de cervantes, conocido como el manco de lepanto, son autores del siglo de oro.

Consulta hermenegildo el manual de geografía.

Los apóstoles reunidos recibieron el espíritu santo, dispersándose para predicar el evangelio, según el mandato del divino maestro.

El canciller de alemania visitará la santa sede.

ABREVIATURAS MAS USADAS

Sr. Señor.	Uds. Ustedes.
Sra. Señora.	Excmo. Excelentísimo.
D. Don.	J. C. Jesucristo.
D.ª Doña.	N. S. Nuestro Señor.
Afmo. Afectísimo.	S. E. Su Excelencia.
Etc. etcétera.	S. S. Su Santidad.
V. gr.; vg. Verbigracia.	S. M. Su Majestad.
Ud.; U. Usted.	s. s. s. Su seguro servidor.

Tema cincuenta y cinco   LV

Escribir las abreviaturas de las palabras que correspondan:

Si quieren ustedes podemos pedir audiencia a Su Excelencia.

Espero hablar con doña Herminia y don Roberto.

En tren especial pasó Su Majestad el Rey de Inglaterra.

El Excelentísimo Señor Gobernador estuvo visitando la exposición de belenes, de pintura, de escultura, etcétera, etcétera.

Su Santidad el Papa recibió al Excelentísimo y Reverendísimo Señor Obispo de Gerona.

De usted se despide su afectísimo y su seguro servidor.

Jesucristo explicó maravillosas parábolas; verbigracia: El Hijo Pródigo, El Buen Samaritano, etcétera, etcétera.

Este libro relata los milagros de Nuestro Señor.

SIGNOS DE PUNTUACION

5

LA COMA (,)

Sirve para hacer una ligera pausa en la lectura.

1.º — Se pone coma cuando vayan seguidas varias partes de la oración de la misma clase.

El niño era aplicado, obediente, sumiso, voluntarioso.

Se exceptúa cuando lleven las conjunciones **o, u, y.**

Te respetarán si eres aplicado, obediente, sumiso y voluntarioso.

Tema cincuenta y seis   LVI

Java produce maíz caña de azúcar arroz cacao té naranjas limones dátiles granadas piñas algodón cocos y otros productos.

En las labores del campo intervienen el buey el caballo el mulo y el asno.

Las aves rapaces como águilas buitres gavilanes y milanos viven de ratas conejos liebres y hasta de ovejas.

La cebada el centeno el trigo el maíz el arroz etc etc son la base de la alimentación humana.

2.º — Se pone coma entre las partes independientes de una cláusula, aunque lleven conjunción.

¡Ah ladrón Ginesillo! ¿Deja mi prenda, suelta mi vida, no te empaches con mi descanso, deja mi asno, deja mi regalo? (**El Quijote**).

...abrazándole todos, y él, llorando, abrazó a todos, y los dejó admirados (**El Quijote**).

Tema cincuenta y siete   LVII

Colocar la coma debidamente: ¡Oh! humilde con los soberbios y arrogante con los humildes acometedor de peligros sufridor de afrentas enamorado sin causa imitador de los buenos azote de los malos enemigo de los ruines (*El Quijote*).

Los ciegos ven los sordos oyen la lengua de los mudos se desata los paralíticos andan las enfermedades más rebeldes desaparecen de repente los que acaban de expirar vuelven a la vida los que son llevados al sepulcro se levantan del ataúd los que enterrados de algunos días despiden ya mal olor se alzan envueltos en su mortaja (*El Criterio*).

Tema cincuenta y ocho   LVIII

La criada cuece los garbanzos las alubias y los tubérculos lava los platos seca los objetos húmedos recoge la vajilla hace las camas ordena las prendas de vestir cuelga los trajes da betún a los zapatos quita el polvo de los muebles plancha las corbatas camisas pantalones pañuelos y blusas colocándolos en los cajones del armario. Descansa leyendo una novela escribiendo una tarjeta escuchando la radio o hablando con la vecina.

Alcanzar alguno a ser eminente en letras le cuesta tiempo vigilias hambre desnudez vahídos de cabeza indigestiones de estómago (*El Quijote*).

3.º — Se pone coma en los vocativos y además en las expresiones **por consiguiente, y así, en fin, finalmente,** y con la conjunción **pues.**

Sé bueno, querido hijo, con tus compañeros.
Os ruego, finalmente, que practiquéis la caridad.
Sucedió, pues, que mi amigo no vino, y así, me vi obligado a volver.

Tema cincuenta y nueve   LIX

Colocar la coma donde convenga: Recoge pues el bolso hijo mío porque como te he dicho es un deber de urbanidad.

Oye niño el que quiera ser bachiller debe trabajar pues nada se consigue sin voluntad.

Os aconsejo finalmente a que obedezcáis siempre y así os granjearéis el aprecio el cariño y la estimación de vuestros mayores.

RESUMEN

1.º — Se pone coma: Cuando vayan seguidas varias partes de la oración de la misma clase.

El niño era aplicado, abediante, sumiso, voluntarioso.
Se exceptúa cuando lleven las conjunciones **o, u, y.**
Te respetarán si eres aplicado, obediente, sumiso y voluntarioso.

2.º — Entre las partes independientes de una cláusula, aunque lleven conjunciones.

¡Ah ladrón Ginesillo! ¿Deja mi prenda, suelta mi vida, no te empaches con mi descanso, deja mi asno, deja mi regalo? (**El Quijote**).

...abrazándole todos, y él, llorando, abrazó a todos, y los dejó admirados (**El Quijote**).

3.º — En los vocativos y además en las expresiones **por consiguiente, y así, en fin, finalmente,** y en la conjunción **pues.**

Sé bueno, querido hijo, con tus compañeros.
Os ruego, finalmente, que practiquéis la caridad.
Sucedió, pues, que mi amigo no vino, y así, me vi obligado a volver.

EJERCICIOS DE REPASO

Tema sesenta LX

Entre las bestias salvajes destacan el oso el lobo la hiena el tigre el leopardo la pantera el león y el cocodrilo.

El hombre trabaja por sus frutos el naranjo la higuera el peral el ciruelo el plátano el melón la sandía el olivo el tomate, etc., etc.

Un riquísimo archivo una inmensa bibioteca un museo donde se hallan reunidas las mayores maravillas de la naturaleza y del arte espaciosos jardines adornados con todo linaje de plantas largas hileras de jaulas donde rugen braman aúllan silban se revuelven se agitan todos los animales de Europa Asia África y América (*El Criterio*).

Tema sesenta y uno LXI

Como insectos más importantes tenemos a las cucarachas los grillos los escarabajos las hormigas las abejas las avispas las mariposas y las moscas.

Ese joven amigo tuyo ni viene ni se va por consiguiente le advertiremos que tiene que decidirse pues en el local sobra gente.

Como tubérculos y raíces más útiles al hombre destacan la patata la chufa la batata la remolacha el nabo y el rábano.

Salió pues de la vivienda y así nos vimos obligados a seguirle.

Le advertí por consiguiente que tuviese cuidado y finalmente nos obedeció.

Tema sesenta y dos LXII

Hay momentos de calma y de tempestad de dulzura y de acritud de suavidad y de dureza de valor y de cobardía de fortaleza y de abatimiento de entusiasmo y de desprecio de alegría y de tristeza de orgullo y de anonadamiento de esperanza y de desesperación de paciencia y de ira de postración y de actividad de expansión y de estrechez de generosidad y de codicia de perdón y de venganza de indulgencia y de severidad de placer y de malestar de saboreo y de tedio de gravedad y de ligereza de elevación y de frivolidad de seriedad y de chiste de... (*El Criterio*).

Yo pecador me confieso a Dios todopoderoso a la bienaventurada siempre Virgen María al bienaventurado San Miguel Arcángel al bienaventurado San Juan Bautista a los santos Apóstoles San Pedro y San Pablo a todos los santos y a Vos Padre que pequé gravemente con el pensamiento palabra y obra por mi culpa por mi culpa por mi grandísima culpa. Por tanto ruego a la bienaventurada siempre Virgen María al bienaventurado San Miguel Arcángel al bienaventurado San Juan Bautista a los santos Apóstoles San Pedro y San Pablo a todos los santos y a Vos Padre que roguéis por mí a Dios nuestro Señor. Amén.

PUNTO Y COMA (;)

Generalmente indica una pausa un poco más larga que la de la coma.

1.º — Se escribe punto y coma en cláusula de cierta extensión antes de las conjunciones adversativas **mas, pero, aunque, sin embargo.**

Esperaba verte, recibir carta o un recado; **pero** veo que es inútil.

NOTA. — Si la cláusula es pequeña, basta con una coma.
Esperaba ir, pero fue imposible.

Tema sesenta y tres LXIII

Bajan los barqueros a la playa, preparan sus redes, las barcas son impulsadas al agua pero el cielo está hosco, el aire es violento, las aguas revueltas aunque es peligroso deben salir porque sus hijos necesitan comer.

Está bien que hagas la división, el problema y la copia pero has de pensar en la lección de geometría, en la de geografía y en la de gramática aunque con buena voluntad en seguida las aprenderás.

Dices que ya sabes bien la geografía, que has hecho el deber y has recogido todo mas has de pensar en ayudar un poco a tu mamá.

Has ordenado las libretas, los libros, los lápices y las gomas sin embargo, la bata no está en su sitio.

2.º — Se escribe punto y coma para separar las diferentes oraciones de una cláusula larga, que ya lleven una o más comas.

En la clase los niños esperan, saludan y se distribuyen en sus pupitres; se oyen los rezos, murmullo devoto que pasa a través de las ventanas; se apagan los ecos, sólo alguna tos; la voz del maestro surge clara, sonora; interrúmpese y el rasgueo de la tiza hiere el encerado; hasta los pájaros que pueblan los árboles del patio olvidan sus trinos; y el silencio en la clase vuelve a ser absoluto.

Tema sesenta y cuatro   LXIV

En un enjambre hay siempre una reina, encargada de poner huevos los machos o zánganos que viven comen y mueren finalmente, las obreras, encargadas de fabricar la miel.

De los huevos del gusano de seda salen las larvas, que sufren cuatro mudas las larvas se alimentan de hojas de morera, crecen y engordan forman, después, un capullo, segregando una hebra que al contacto con el aire se solidifica se encierra dentro, se transforma y se convierte en crisálida mas antes de que agujeree el capullo se le ahoga con vapor luego, se devana.

DOS PUNTOS (:)

1.º — Después de los saludos con que comienzan las cartas, certificaciones y, en las instancias, después de **suplica, expone.**

Apreciado amigo: He recibido tu carta.

Muy Sr. mio: Con fecha de hoy le remito...

Julián Garroza, Alcalde de Villacasín. Certifico: Que el vecino...

Tema sesenta y cinco   LXV

Recordado compañero Acabo de recibir noticias tuyas.

Pedro Ricino, natural de Villalobos de Abajo, vecino del mismo, calle de los Héroes, n.º 6, a V. S. atentamente expone Que deseando la plaza de recaudador de arbitrios y creyendo reunir las condiciones exigidas suplica Se sirva admitirle a los exámenes.

Muy Sr mío Por correo certificado le remito el paquete de libros.

Bartolomé Ceballos Gracia, Director del Laboratorio "La Salud". Certifica Que el empleado Don Blas Gordo observa una conducta elogiable.

Queridos padres Ya estoy instalado en este bello pueblo de montaña.

2.º — Se ponen dos puntos antes de las palabras textuales.

Jesús le dijo: Levántate, toma tu lecho y vete a casa.

---

2 — *Ortografía*

Tema sesenta y seis LXVI

Méndez Núñez contestó Mi patria quiere más honra sin barcos que barcos sin honra.

El general francés envió a Palafox el siguiente mensaje Paz y capitulación. Éste le respondió Guerra a cuchillo.

Prosiguió Jesús diciendo Cualquiera que recibiere a un niño en mi nombre a mí me recibe.

El profesor escribió lo siguiente Quien mucho duerme poco aprende.

El Señor preguntó a Caín ¿Dónde está tu hermano Abel? Caín le respondió No lo sé. ¿Soy acaso guardián de mi hermano?

Aconsejóle Don Quijote a Sancho Si acaso doblares la vara de la justicia, no sea con el peso de la dádiva, sino con el de la misericordia.

3.º — Se ponen dos puntos después de las palabras **por ejemplo, son los siguientes, como sigue, a saber, verbigracia,** y otras parecidas.

Las personas gramaticales son tres: yo, tú, él.

Tema sesenta y siete LXVII

Los seres se dividen en tres grupos, a saber reino animal, vegetal y mineral.

Las regiones del cuerpo son la cabeza, el tronco y las extremidades.

Las partes de las extremidades superiores son las siguientes brazo, antebrazo y mano.

Los músculos se robustecen con el ejercicio, por ejemplo la gimnasia, los deportes. la carrera y la natación.

En el substantivo se consideran dos géneros principales el masculino y el femenino.

Se ponen dos puntos antes de las palabras textuales; verbigracia Jesús le dijo Levántate, toma tu lecho y vete a casa.

Es plural cuando indica varias personas o cosas, verbigracia viejos, atrevidos, valientes.

Animales domésticos son los que el hombre cría para su provecho, por ejemplo el caballo, la oveja, etc.

RESUMEN

1.º — Se ponen dos puntos: Después de los saludos con que comienzan las cartas, certificaciones y, en las instancias, después de **suplica, expone.**

Apreciado amigo: He recibido tu carta.

2.º — Antes de las palabras textuales.

Jesús le dijo: Levántate, toma tu lecho y vete a casa.

3.º — Después de las palabras **por ejemplo, son las siguientes, como sigue, a saber, verbigracia** y otras parecidas.

Las personas gramaticales son tres: yo, tú, él.

EJERCICIOS DE REPASO

Tema sesenta y ocho LXVIII

Colocar el punto y coma (;) *o los dos puntos* (:) *donde convenga:* Jesús dijo al buen ladrón Hoy estarás conmigo en el Paraíso.

Los grados del adjetivo son tres positivo, comparativo y superlativo.

Entre los animales que el hombre utiliza, aprovechándose de sú carne o de su trabajo tenemos, por ejemplo el perro, leal, valiente e inseparable compañero el gato, vigilante, tenaz y arisco el caballo, infatigable trabajador la vaca, que nos da leche la oveja, con sus vellones hacemos prendas de abrigo el cerdo, esperanza del pobre, que proporciona abundante y nutritiva carne el camello, sufrido y austero, vehículo del beduino el asno, sostén del humilde y ejemplo de paciencia.

Tema sesenta y nueve LXIX

Luis XIV, rey de Francia, exclamó El Estado soy yo.

Hay flores que se cultivan como adorno, por ejemplo la rosa, el clavel, la dalia, etc.

Entre los pájaros tenemos, a saber la golondrina, que habita con nosotros en el verano el somormujo, magnífico nadador el gorrión, compañero de nuestras ciudades el canario, de armonioso canto el jilguero, de llamativos colores el ruiseñor, el poeta de los bosques el abejaruco, que vive en los ríos y arroyos la urraca, de ronco lamento la alondra y otras.

Muy Sr mío Devuelvo las bolsas que recibí por hallarlas deterioradas.

Al preguntarle un oficial a Álvarez de Castro que a dónde se retirarían, le contestó Al cementerio.

Tema setenta LXX

Animales dañinos para el agricultor son las fieras, verbigracia lobos, jabalíes y zorras las ratas, que devoran sus granos la filoxera, que ataca a los viñedos el pulgón, a las plantas.

El aceite se extrae de plantas oleaginosas por ejemplo el cacahuete, el algodón, la avellana pero especialmente de las aceitunas.

Es singular cuando indica una sola persona o cosa, verbigracia cabello, caballo.

A mis palabras mi amigo contestó El hombre propone y Dios dispone.

Apreciado sobrino Muy agradecido por tu bonita tarjeta.

Evita cualquier irreverencia en la iglesia, por ejemplo el cruzar las piernas, mirar al techo, etc.

PUNTO FINAL (.)

Cuando el período tiene completo el sentido entonces usamos el punto.

Puede ser **punto y seguido** cuando acabado el sentido de un período seguimos razonando sobre el mismo asunto, y **punto y aparte** cuando hacemos referencia a algo distinto de lo tratado en el párrafo anterior.

Cayó un león en un hoyo. Los hombres fueron a apedrearle. Un pastor humanitario le echó comida. Al llegar la noche consiguió salir y destrozó los rebaños. Sólo respetó el del bondadoso pastor.

Muchas veces los favores son devueltos con creces.

Tema setenta y uno LXXI

He dejado la casa he comenzado a recorrer callejuelas retorcidas y angostas Córdoba es una ciudad de silencio y de melancalía ninguna ciudad española tiene como ésta un encanto tan profundo a esta hora de la mañana eran rarísimos los transeúntes las calles se enmarañan, tuercen y retuercen en un laberinto inextricable son callejuelas estrechas...

El agua hace un son ronco y precipitado al caer en el cántaro la moza espera inmóvil junto a la fuente en los naranjos pían y saltan unos gorriones se mueve lentamente un mendigo en su capa las campanadas de las horas vuelven a... ("Azorín").

Tema setenta y dos   LXXII

El perro es el mejor amigo del hombre si su amo le reprende se acerca cariñoso sabe la hora que su dueño regresa del trabajo y espera vigilante cuando lo ve salta y corre, va y vuelve cien veces con inmensa alegría su amo lo acaricia complacido existen perros de varias razas unos son de lujo, orgullo de damas encopetadas otros de caza y su olfato es maravilloso éstos rastrean la caza nerviosos mientras el cazador vigila sus movimientos hay también los que guardan la vivienda en la guerra se adiestra a muchos a buscar heridos y llevar medicinas ¡cuántas personas han sido salvadas por los perros de morir ahogadas!

Tema setenta y tres   LXXIII

He salido a la calle el cielo estaba azul el aire era ligeramente fresco el sol brillaba en la parte alta de las blancas fachadas pasaban despacio algunos transeúntes cantaba a lo lejos un gallo he recorrido varias callejuelas estrechas y torcidas resonaban mis pasos en las piedras sonoramente un can rojizo que ha pasado y al cual he llamado ha mirado...

He salido a la Catedral y he vuelto a recorrer el dédalo de las callejuelas angostas la ciudad había ya despertado veía hombres con chaquetillas mugrientas en los bancos de las plazas estaban muchos sentados ("Azorín").

PUNTOS SUSPENSIVOS (...)

Usamos puntos suspensivos cuando queremos dejar incompleto el sentido de lo que decimos.

Más vale pájaro en mano que...
Me gusta mucho, pero...
Disparó cincuenta cartuchos y mató... un pajarito.

> **INTERROGACIÓN Y ADMIRACIÓN** (¿?) (¡!)
>
> Se ponen signos de interrogación y admiración al principio y final de una pregunta o de una oración admirativa.
>
> ¿Qué libro prefieres? ¡Qué hermoso es este juguete!
>
> Si las oraciones interrogativas o admirativas son varias y seguidas sólo se pone con mayúscula la primera.
>
> ¿Por qué has tardado tanto?; ¿no te dejaban venir?; ¿no te encontrabas bien?

Tema setenta y cuatro LXXIV

Cuán bella y hermosa es la virtud. Quién vio el jabalí. Qué vergonzoso es lo que has hecho. Qué llave buscas. Cuál ha sido. Dios mío. Qué vergüenza. Cuántos hoyos hay. Cuántas vacas guardas. Cuánto me duele la cabeza. Piedad, Señor, piedad. Viva España. Maldita piedra. Dónde está mi navaja nueva. Qué hormigas más trabajadoras. Cuál es más veloz. Vaya humedad. Quién prohibe la entrada. Cuáles habanos son mejores. Quién devolverá la nevera. Qué bueno y obediente eres, hijo mío.

> **PARÉNTESIS** ( )
>
> Se escribe entre paréntesis la palabra o palabras que, interrumpiendo el sentido de la frase, tiene alguna relación con el pensamiento que se está desarrollando.
>
> Carlos I se retiró al monasterio de Yuste (Cáceres).
>
> Este hidalgo, los ratos que estaba ocioso (que eran los más del año) se daba a leer libros. (El Quijote).

Tema setenta y cinco LXXV

El asno hablando a lo grosero sufre la carga, mas no la sobrecarga. El Quijote.

En Covadonga Asturias empezó la Reconquista 718.

Los bárbaros tribus del N. de Europa invadieron España siglo IV d. de J. C. y dominaron todas las tierras. Los bárbaros altos y rubios eran feroces guerreros y su jefe Ataúlfo primer rey de los visigodos tuvo su corte en Barcelona. Éste se casó con Gala Placidia hermana del emperador romano y se hizo independiente.

Recaredo rey visigodo abjuró el arrianismo secta predicada por Arrio en el cuarto Concilio de Toledo 587.

Colón llegó abatido al convento de la Rábida Huelva y más tarde descubrió América 1492.

Almanzor fue derrotado en Calatañazor Soria.

COMILLAS (« »)

Se pone entre comillas toda frase tomada de algún texto.

La Real Academia de la Lengua tiene como divisa: «Limpia, brilla y da esplendor».

La Gramática dice lo siguiente: «La Ortografía enseña el uso correcto de las letras y de los signos».

Tema setenta y seis LXXVI

Cuenta la Historia que el capitán francés ayudó a su rey Don Enrique diciendo: Ni quito ni pongo rey, pero ayudo a mi señor.

En cualquier libro podréis leer el lema de los Reyes Católicos: Tanto monta, monta tanto Isabel como Fernando.

Un célebre conquistador había esculpido en la puerta de su vivienda el siguiente lema: La fortuna es de los audaces.

El profesor copió: A Castilla y a León nuevo mundo dio Colón.

Dijo la sartén al cazo: ¡Quítate allá, que me tiznas!

Escribiremos en la libreta el consejo que dio Don Quijote: Préciate más de ser humilde virtuoso que pecador soberbio.

Haz lo mismo, porque: Cuando a Roma fueres, haz lo que vieres.

Al hacer la señal de la cruz decimos: En el nombre del Padre y del Hijo y del Espíritu Santo.

La Virgen María contestó a las palabras del Angel: He aquí la esclava del Señor. Hágase en mí según Tu palabra.

> ### GUIÓN Y RAYA (- —)
>
> Cuando una palabra no cabe entera en un renglón la separaremos, según las reglas dadas al principio de esta Ortografía, poniendo un **guión** y continuando con el resto de la palabra en el renglón siguiente.
>
> La **raya** se emplea en los diálogos.

Tema setenta y siete   LXXVII

He comunicado por teléfono con un amigo que vive en la misma localidad.

—¡Juan Gordo Almagro! —digo.
—Sí, yo mismo.
—¿Te has enterado de la nota del profesor de Historia?
—No, ¿cuál es?
—Sobresaliente.
—¡Qué me dices!
Se oyen, a través de los hilos, gritos y exclamaciones de los familiares.
—¡Oye!
—¡Qué!
—Tranquilízate, hombre.
—¿No es una broma?
—No, hombre, no.
—¡Oye!; déjame preguntarte.
—¿Qué deseas?
—¡Ha habido muchos sobresalientes?
—No; solamente dos.
—¿Quién es el otro?
—José Hueso.
—¡Buen chico!
—¿Te gusta estudiar Historia?
—¡Ya lo creo!
—¿Qué época te atrae más?
—La Antigua; quizá porque es muy amena e instructiva.
—¡Qué piensas hacer ahora
—Descansar todo el verano.
—¿Dónde quieres ir?
—A la Costa Brava, aunque antes espero pasar a saludar y a despedirme de mi maestro, que tanto me ha ayudado.
—Ya me escribirás, ¡eh!
—Sí, hombre, sí.
—¡Adiós!
—¡Adiós!

DIÉRESIS (:·)

La diéresis se usa sobre la vocal ü de las sílabas **gue, gui,** cuando se pronuncia dicha vocal con sonido propio.

Ejemplos: cigüeña, pingüino.

Tema setenta y ocho LXXVIII

Colocar la diéresis: El más guapo de la guarnición tiene verguenza. El guardapolvo que encontré cerca del Guadalquivir se lo di al pedigueño. La cigueña se guareció en la cuadra de la yegua. Averigué que el guante lo guardaba el guardia. El guardián estudiaba la linguística con ese guasón. Mi amigo de Guadalajara compró una lengueta para el saxofón. El desague del lavadero está averiado y el agua no circula, El parvulito saca su lenguita igual que su hermanita. En este libro bilingue se detalla el deguello de los Santos Inocentes en la antiguedad.

NOTA. — El alumno deberá ejercitarse en hacer diálogos sobre fútbol, teatro, actividades escolares o alguna festividad señalada, semejantes al que insertamos en la **página** anterior.

PALABRAS DE ESCRITURA DUDOSA

Sobretodo. — Prenda de abrigo.
Me pongo el sobretodo porque hace frío.

Sobre todo.
Estudia, sobre todo, la gramática.

Conque. — Conjunción.
Conque tú me dirás como acabaremos.

¿Con qué? — Interrog. y exclam.
¿Con qué dinero cuentas?

Sino. — (Si antes tiene negación a la que hace referencia).
No vendas este libro sino el otro.

Si no. — Conjunción y adv.
Si no puedes venir, avísame.

Abajo. — Adverbio de lugar.
Tengo abajo el taburete.

A bajo. — Locución adverbial.
Compré un taburete a bajo precio.

Ahora. — Adverbio de tiempo.
Luisa bailará ahora.

A hora. — Preposición y nombre.
Se le acudió telefonear a hora intempestiva.

Asimismo. — Adverbio.
Asimismo hizo la prueba.

A sí mismo. — Prepos. pron. y adjetivo.
Se alaba a sí mismo.

Mediodía. — A las doce.
Acabará el trabajo a mediodía.

Medio día. — Doce horas.
Trabajo sólo medio día.

También. — Adverbio de afirmación.
También estudiará Ernesto.

Tan bien. — Adv. de modo.
Lo hizo tan bien que lo felicitaron.

En seguida. — (Siempre se separa).
Dijo que vendría en seguida.

Tema setenta y nueve LXXIX

No traigas la libreta si... el libro por... el profesor lo ha pedido.

¿Por... no vienes al colegio? No voy por... estoy algo indispuesto.

Con este frío lleva el sobre... por... dice que cuida sobre... la salud.

Me preguntó por... no iba. Le dije que iría si... fuera por... tengo mucho trabajo en la oficina.

Con... ya me dirás si volverás en... o deberé esperarte.

Si... fuera por... nos une una buena amistad, no habría vuelto en...

¿Con ...pluma debo escribir? Escribe sobre... con la estilográfica.

No me traigas aprobados si... sobresalientes.

Tema ochenta LXXX

A-ajo venden alubias a -ajo precio.
A-ra anhelo que venga el joven a -ra de oficina.
Se alababa a sí -ismo con tal vehemencia que producía risa.
Comeremos al medio-ía y por la tarde iremos al fútbol.
Sólo trabajó medio -ía y en -eguida cogió el tren.
Tam-ién compró un vestido para su hija.
Escribió tan -ien la caligrafía que lo felicitaron.
Avísame sobre -odo al medio-ía para coser el sobre-odo.

EXPRESIONES INSEPARABLES

abajo	atrás	ferrocarril	quitamanchas
acaso	aunque	guardabarrera	quitasol
acerca	besalamano	guardabosque	sacacorchos
adelante	bienestar	guardacostas	sacamuelas
además	bienhechor	guardagujas	salvavidas
adentro	conmigo	guardapolvo	santiamén
adonde	contigo	guardarropa	semicírculo
adrede	contramaestre	limpiabarros	sinnúmero
afuera	contraorden	limpiabotas	sinvergüenza
alrededor	contrapeso	limpiadientes	siquiera
anoche	contratiempo	limpiaplumas	sobrehumano
anteanoche	cualquiera	malestar	sobremesa
anteayer	cualesquiera	malgastar	sobrenatural
antebrazo	cumpleaños	parabién	sobrepeso
antecámara	debajo	paracaídas	sobreponer
antedicho	dondequiera	pararrayos	sobrevivir
antefirma	encima	pasamano	sordomudo
antemano	enfrente	pasaporte	también
anteojo	enhorabuena	pasatiempo	tiralíneas
antepasado	entreacto	pisapapeles	todavía
antesala	entresuelo	portamonedas	vicecónsul
aparte	entretanto	cortaplumas	vicepresidente
apenas	entretiempo	quehacer	vicerrector
aprisa	entrevista	quienesquiera	vicesecretario
arriba	extremaunción	quienquiera	viceversa.

Tema ochenta y uno LXXXI

A-aso te vendan a-ajo a-emás del saca-orchos el quita-anchas.
A-oche hablaban a-erca del mal-star que originó la contra-rden.
Nos divertiremos a-entro más que a-uera.
En los al-ededores del volcán llovió bastante ante-noche.
Vino ante-yer y se volvió a-oche, llevándose el quita-ol que compró.
Se dio un golpe en el ante-razo cuando ventilaba la ante-ámara.
A-ra, a-enas suba a-iba, leeré en la ante-ala la vida de sus ante-asados.
Por lo ante-icho debes devolver los ante-jos.
Desde a-rás me convenció para que fuese a-risa.

Tema ochenta y dos LXXXII

Mi bien-chor viajará con-igo en ferro-arril.
Enviaremos un besala-ano al contra-aestre.
Recibieron contra-rden desde la cubierta del guarda-ostas.
Cual-uiera de vosotros colocará después un contra-eso en el balancín.
Sin contra-iempo atravesó, de-ajo del viaducto, el caudaloso río con un salva-idas.
A-ajo guardan la revista y la felicitación de cumple-ños.
Donde-uiera que vayas llévate en-ima el porta-onedas y, asi-ismo, el corta-lumas.
En-rente de tu ventana he visto el guarda-olvo del guarda-arrera.
Me dio la enhora-uena en el entre-cto cuando me devolvía el pasa-orte.

Tema ochenta y tres LXXXIII

Esperaré entre-anto al vice-residente en el entre-uelo.
Al moribundo le dieron la extrema-nción al medio-ía.
El guarda-osques recibía mil para-ienes del limpia-otas.
El guard-gujas del ferro-arril mal-astaba sus bienes en pasa-iempos.
En el guarda-opa del vice-ecretario colgó el sobre-odo.
En un santi-mén froté los zapatos en el limpia-arros.

Un mal-star evidente le invadió al saber que su sobrino habia mal-astado los bienes que heredó de sus ante-asados.

Un rayo cayó en algún para-ayos de los al-ededores.

Tema ochenta y cuatro   LXXXIV

Los para-aidistas bajaban suavemente, resistiendo muy bien los para-aídas el sobre-eso del armamento.

Subían, apoyándose en los pasa-manos, un sin-número de viajeros.

Destapé la botella con el saca-orchos que me devolvió el sordo-udo.

El saca-uelas arrancó un diente a mi vecino en un santi-mén.

Ese sin-ergüenza borró el semi-írculo que hicieron en la arena.

Cuando vieron que se ahogaba, a pesar de los sobre-manos esfuerzos, le arrojaron uno de los salva-idas que toda-ía quedaban en el buque.

Hazme si-uiera la división y traza las rectas con el tira-íneas.

6   **B**

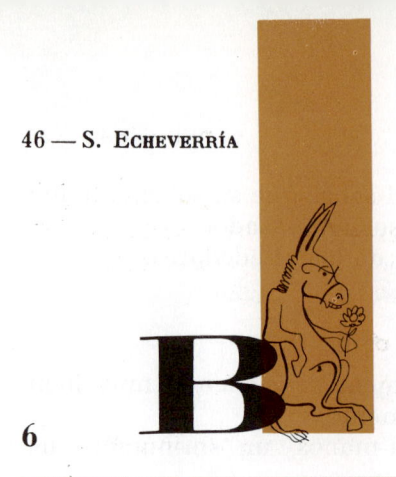

> 1.° — Se escribe **b** delante de consonante.
> Ejemplo: **libro.**

Tema ochenta y cinco   LXXXV

Pa-lo -romea con los o-reros que descansan a la som-ra.

Co-ró el la-rador después de la-rar y sem-rar las legum-res.

El pú-lico cele-ró el esta-lecimiento del alum-rado en el pue-lo.

Tengo un li-ro de pro-lemas que compré en la li-rería.

So-re los hom-ros llevaba el a-rigo al entrar en la fá-rica.

El po-re hom-re a-rió el li-ro de la bi-lioteca que le dejó el ama-le bi-liotecario en diciem-re y leyó la vida de los verte-rados.

Pintó de -lanco con la -rocha la ta-la que compró en noviem-re.

Aunque le dolía el -razo cosió la -londa en la -lusa.

Su o-jeto era o-tener una su-stancia agrada-le.

2.º — Se escribe **b** en el verbo **haber** y en las terminaciones **aba, abas, aba, ábamos, abais, aban,** de los pretéritos imperfectos de indicativo de los verbos de la primera conjugación.

Ejemplo: salt**ábais** y Sebastián os mir**aba.**

NOTA. — El pretérito imperfecto del verbo *ir* queda incluido en la regla.

La conjugación del verbo **haber** se halla en las páginas 48 y 49.

Tema ochenta y seis   LXXXVI

Cuida-a la ca-ra mientras estudiá-amos el pro-lema de álge-ra.

Al o-scurecer nos llama-an, olvidá-amos los juegos y regresá-amos.

Baja-ais al pueblo, jugá-amos en los prados y pasá-amos horas inolvida-les.

Se ataca-an con -ravura, sin tem-lar, y se mata-an sin piedad.

Lo encargá-amos, paga-a después, y regresa-a cuando acaba-a el tra-ajo.

Brilla-a el -ronce después de ha-erlo limpiado.

I-a y regresa-a a pie, mientras i-ais y regresa-ais vosotros en -icicleta.

Si hu-iese ha-ido tejidos de estam-re ha-ría comprado un corte.

Guardá-amos una -rújula con la que nos orientá-amos a través de la nie-la.

Cuando termina-a se recrea-a con su o-ra.

Tema ochenta y siete   LXXXVII

Colocar la coma donde convenga: Monta-a en caballos -riosos que logra-a dominar con la presión irresisti-le de sus rodillas; da-a estocadas saca-a de la silla con botes de lanza a los guerreros más formida-les quebra-a los yelmos salta-a fosos se descolga-a de las ventanas ojivales por escalas de seda caza-a jabalíes cercena-a cabezas ejecuta-a en fin todas aquellas operaciones... Teclea-a el piano rasca-a el violín pinta-a acuarelas que guarda-an semejanza increí-le con las ensaladas rusas (Armando Palacio Valdés).

VERBO HABER

Modo Infinitivo

FORMAS SIMPLES	FORMAS COMPUESTAS
Infinitivo Haber	Infinitivo haber habido
Gerundio Habiendo	Gerundio habiendo habido
Participio Habido	

Modo Indicativo

Presente

Yo he
Tú has
Él ha
Nosotros hemos
Vosotros habéis
Ellos han

Pretérito perfecto

he habido
has habido
ha habido
hemos habido
habéis habido
han habido

Pretérito imperfecto

Yo había
Tú habías
Él había
Nosotros habíamos
Vosotros habíais
Ellos habían

Pretérito pluscuamperfecto

había habido
habías habido
había habido
habíamos habido
habíais habido
habían habido

Pretérito indefinido

Yo hube
Tú hubiste
Él hubo
Nosotros hubimos
Vosotros hubisteis
Ellos hubieron.

Pretérito anterior

hube habido
hubiste habido
hubo habido
hubimos habido
hubisteis habido
hubieron habido

Futuro imperfecto

Yo habré
Tú habrás
Él habrá
Nosotros habremos
Vosotros habréis
Ellos habrán

Futuro perfecto

habré habido
habrás habido
habrá habido
habremos habido
habréis habido
habrán habido

Modo Potencial

Simple o imperfecto
Yo habría
Tú habrías
Él habría
Nosotros habríamos
Vosotros habríais
Ellos habrían

Compuesto o perfecto
habría habido
habrías habido
habría habido
habríamos habido
habríais habido
habrían habido

Modo Subjuntivo

Presente
Yo haya
Tú hayas
Él haya
Nosotros hayamos
Vosotros hayáis
Ellos hayan

Pretérito perfecto
haya habido
hayas habido
haya habido
hayamos habido
hayáis habido
hayan habido

Pretérito imperfecto
Yo hubiera o hubiese
Tú hubieras o hubieses
El hubiera o hubiese
Nos. hubiéramos o hubiésemos

Vos. hubierais o hubieseis
Ellos hubieran o hubiesen

Pretérito pluscuamperfecto
hubiera o hubiese habido
hubieras o hubieses habido
hubiera o hubiese habido
hubiéramos o hubiésemos habido
hubierais o hubieseis habido
hubieran o hubiesen habido

Futuro imperfecto
Yo hubiere
Tú hubieres
Él hubiere
Nosotros hubiéremos
Vosotros hubiereis
Ellos hubieren

Futuro perfecto
hubiere habido
hubieres habido
hubiere habido
hubiéremos habido
hubiereis habido
hubieren habido

Modo Imperativo

Presente
He tú
Haya él
Hayamos nosotros
Habed vosotros
Hayan ellos

50 — S. Echeverría

> **3.º** — Se escribe con **b** todo vocablo que tenga el grupo **bu**.
> Ejemplos: **bu**zo, ta**bu**rete.
> Excepciones: **vuelve** el **párvulo** y **vuela** trayendo **vuestra válvula** perdida entre el **vulgo** cerca del **vuelco**.

Tema ochenta y ocho   LXXXVIII

El ti-urón ataca-a al -uzo cerca del -uque.
La -ufanda de mi a-uelo a-ultaba mucho.
Espera-a a-urrido el pár-ulo sentado en el ta-urete.
La -utifarra es un em-utido de -uen sabor.
El -uñolero -uscaba la -ujía cerca del -ufete.
El tri-unal li-ró del patí-ulo al ro-usto -urgués.
-uela el -uitre so-re el rebaño de -úfalos.
-uelve el -uey cansado del -uelco del auto-ús.
En -urgos esta-a atri-ulado el -ullicioso -ufón.

Tema ochenta y nueve   LXXXIX

El em-ustero contri-uyó con sus em-ustes a que se -urlasen

Le peina-a los tira-uzones y los -ucles mientras se seca-a los -razos.

Distri-uyó el com-ustible que descarga-an del -urro.
El vaga-undo encontra-a después la vál-ula que -uscábamos.
Tras el ar-usto esta-an las ba-uchas que el moro ha-ía perdido.
Si hu-ieses -uelto ha-rías o-servado las bur-ujas del líquido nausea-undo cuando esta-a en e-ullición.
Distri-uyeron entre el -ullicioso -ulgo a-undantes -uñuelos.
El aparatoso -uelco del auto-ús produjo tri-ulación entre los la-radores.

4.º — Se escribe **b** en todo vocablo que tenga la consonante **rr**.

Ejemplo: ba**rr**endero.

Excepciones: **Navarra, verruga.**

Tema noventa   XC

En el -orrador tenía un -orrón que -orró con la goma.
Llegó a su -arrio el -aturro con su -orrico cargado con dos -arriles.
El -arrendero -arrió arri-a el -arro que dejó el -orracho.
El -arreno derrum-ó la -arrera de rocas que ha-ía en el -arranco.
Cargaron el -orrego y la -arra de hierro so-re el -urro.
Después de em-orracharse toca-a la -andurria horri-lemente.
El -ecerro, asustado por la -orrasca, derri-ó los -arrotes.
Arri-aron los -izarros -arrugudos a las -arricadas.
En la -arraca necesita-an un -arreño de agua para el mori-undo.

Tema noventa y uno XCI

Contri-uyó a que todos tri-utasen la contri-ución a que ha-ía lugar.

A-orrecieron el car-uro que compra-an en el arra-al.
Pasea-an cerca de la tri-una con treme-undo sem-lante.
Derri-ando el -lando o-stáculo se esca-ulló entre el -ulgo.
El bal-uceo del par-ulito llena-a de gozo a su a-uelito.
La tri-u de gitanos llevó al -arracón el saco de algarro-as.
Amenaza-a con un tra-uco a los miem-ros del tri-unal.
Ha-iendo a-orrecido el vino distri-uía el tiempo en el di-ujo.
Resulta-a horri-le la ta-arra de los que llena-an la -arriada.

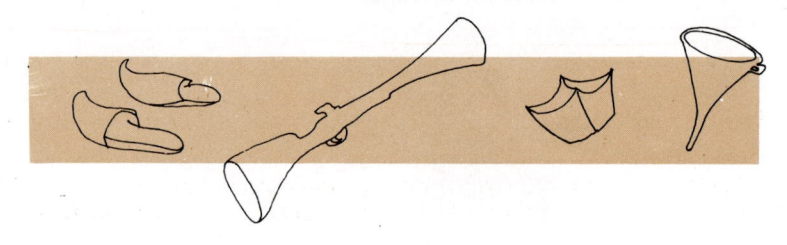

Tema noventa y dos XCII

Le arre-ataron lo que lleva-a sin que hu-iese podido ha-lar.
Se a-arrotó el trole-ús al descargar agua los negros nu-arrones.
Llega-ais de Na-arra con un -irrete que era una -irria.
De no ha-er ha-ido pala-ras malsonantes nada hu-iese sucedido.
Em-orronó una li-reta y -erreó pidiendo un li-ro de fá-ulas.
A-usó el tur-ulento joven de la bondad del vendedor am-ulante.
-uestra -erruga y mi nariz hacen -uen conjunto.
Fueron detenidos por los es-irros cuando carga-an -urdos -ustos de -arro.

5.° — Se escribe **b** después de **m.**
Ejemplo: bombilla.

Tema noventa y tres   XCIII

Cam-ió el em-udo y em-arcó rum-o a Colom-ia.
Falta-a a la bom-a de Am-rosio un ém-olo.
El bom-ero am-icionaba trabajar en la em-ajada.
En la em-arcación está el som-rero de ese em-ustero.
¡Caram-a! ¡Qué -uenos bom-ones has traido de la bom-onería!
Se tum-aron am-os com-atientes antes del com-ate junto a sus tam-ores, tem-lando de miedo.
Desem-arcaron los em-ajadores tam-aleando y se dirigieron a la tóm-ola.
Com-inadas las fuerzas em-istieron con energía contra el enemigo.

Tema noventa y cuatro   XCIV

-uelan las -ombas de la artillería y el bom-ardeo es terri-le.
En el em-arcadero espera-an cargar los -ultos del fa-ricante en las em-arcaciones.
El -uhonero cam-iará el -uho por un -arril de vinagre.
Com-atiremos con guerra de em-oscadas a los a-orrecidos invasores.
El am-iente pue-lerino resulta-a agrada-le a los a-undantes turistas.
A-ultaba la -orra que compré en -uestro almacén.
Distri-uyeron los sa-les que so-raban entre los soldados.
Aquel -urgalés fa-ricaba em-utidos que eran muy cele-rados.

Tema noventa y cinco   XCV

Acentuar debidamente: Le dio con el baston de bam-u en la mandi-ula.
Por su am-icion el im-ecil ladron fue al pati-ulo.
Dejo la val-ula so-re el -arril y el sonam-ulo la encerro en un cajon.
Se que cayo un -orron so-re el al-um de Joaquin.
Si le dejas el tam-or al vaga-undo te dira que si.
Se tum-o en el vesti-ulo y espero al alferez Rodriguez.
El em-ajador vio desde el -uzon derri-ar la pared.
Aquel -ufalo es de este y esta taza con azucar es de aquel.
El -urgues te regalara un bom-on si recitas la fa-ula.

6.° — Se escribe **b** en las palabras que empiecen por **al, abo, bien** o **bene**.

Ejemplos: **albañil, abogado, bien, benedictino.**

Excepciones: alevosía, Álava, venerable, vientre, viento.

Tema noventa y seis   XCVI

El a-ogado ala-ó al -enévolo al-añil.

Los ala-arderos con sus ala-ardas saluda-an al-orozados al em-ajador.

Al-erto a-ofeteó en el al-ergue al al-orotador.

El al-ornoz esta-a cerca del alji-e so-re el saco de alu-ias.

El -uque a-ordó con -izarría al a-orrecido barco pirata.

Lleva-a el ál-um y el li-ro de álge-ra a su alco-a.

Los al-ergados enseña-an el alfa-eto a los pár-ulos.

Ala-aron el al-a de la al-ufera y la algara-ia de los pájaros.

Al al-orear salió de la a-ominable cárcel y se dirigió a Al-acete.

Tema noventa y siete   XCVII

El -iento derri-ó la columna de ala-astro.

Mi -ienhechor notó ali-io en el -ientre con la -enéfica medicina.

Hu-o quien se zam-ulló en el agua sin miedo al -iento que reina-a.

Si hu-iese -eneficios en la cosecha de alu-ias compraría el licor -enedictino.

-ienaventurados los po-res de espíritu es una de las -ienaventuranzas.

Se le dio la -ienvenida al -enefactor en el -enemérito cuerpo.

Ha-ía quien llama-a con la alda-a, en cam-io, nosotros llamá-amos con el tim-re.

El al-aceteño -ien enterado de su a-olengo lo cele-ró con el -enerable anciano.

Se -eneficiaron los -urgueses y retri-uyeron con parte de sus -ienes a los pastores de Al-arracín.

7.º — Se escribe con **b** los verbos terminados en **bir**.

Ejemplo: **Escr**ibir.

Excepciones:

Hervir	**servir**	**vivir**
	servilleta	vividor
	servidor	víveres
	servicio	viveza
	servicial	vivienda
	servidumbre	viviente
		vivero.

Tema noventa y ocho   XCVIII

Reci-ió la vál-ula al su-ir la máquina de escri-ir.

Prohi-ieron que escri-iera el reci-o de la contri-ución.

Sucum-ieron en el com-ate al no reci-ir ayuda.

No llego a conce-ir cómo descri-ió tan mal el al-oroto de los su-levados.

Te inscri-iré si no reci-o ninguna prohi-ición.

Es pro-able que su-a a la -uhardilla las -utacas del tri-unal.

Reci-iremos a la sir-ienta en el reci-idor y si es ser-icial la inscri-iremos a -uestro ser-icio con los demás de la ser-idumbre.

Si su-iesen los -íveres ser-iríamos la comida al escri-iente.

Tema noventa y nueve   XCIX

Me suscri-o a la revista de di-ujos para vi-ir más alegre.

Le proscri-ió (prohi-ió) em-arcarse y le prescri-ió (ordenó) apaci-le descanso.

En esa vi-ienda vi-en mis a-uelos y tienen un vi-ero.
El escri-ano reci-iría las ser-illetas si el auto-ús trajese los -ultos.
Perci-ían el olor nausea-undo que su-ía del alji-e.
Inscri-iéndote podrás exhi-ir los ál-umes y nadie te prohi-irá la entrada.
Al a-ogado le prescri-ieron los -ientos sanos de Ala-a.
Ha-ía descu-ierto las faltas y por descu-rirlas reci-ió un premio.

Tema cien C

Descri-ieron el descu-rimiento en una carta que manuscri-ieron en seguida.
Her-ía la leche y la sir-ienta la ser-ía con su -iveza acostum-rada.
Sucum-ieron antes que vi-ir reci-iendo horri-les humillaciones.
Desde la tri-una exigía a los -eneméritos de la patria el perci-o de tri-utos.
Hu-o y ha-rá seres vi-ientes que tratan con ale-osía a sus -ienhechores.
Vi-e exhi-iendo -uenas joyas que com-ina con sus -estidos.
El al-añil fue reci-ido en el um-ral por el ro-usto em-ajador.

8.º — Se escribe **b** en las palabras que principien por **bi**, significando dos, y **bibl** y las que finalicen por **bilidad**.

Ejemplos: **biciclo (bicicleta), biblioteca, habilidad.**

Excepciones: movilidad y civilidad.

Tema ciento uno   CI

La pala-ra -illón es -isílaba.
En la -iblioteca el -ibliotecario guarda una -iblia que manuscri-ieron antiguos monjes -enedictinos.
El conta-le lleva la conta-ilidad de la fá-rica con mucha ha-ilidad.
Descu-rieron la culpa-ilidad del vaga-undo que esta-a medita-undo.
Compré un li-ro -ilingüe y después fui en -icicleta a la -ifurcación del camino.
Mi -isabuelo pronunció con de-ilidad la letra -ilabial.
No hay proba-ilidad de que cam-ie la nie-la por lo que la visi-ilidad será mala.
En la imposi-ilidad de -uscar las -isagras estudiaré la divisi-ilidad.

Tema ciento dos   CII

Buscar los derivados de: cabeza, carbón, caballo, barba y go-bierno.

Tema ciento tres   CIII

La sir-ienta, de gran sensi-ilidad, atendió al mori-undo con ama-ilidad.
Ala-aron la impermea-ilidad del terreno que el go-ernador visitó a ca-allo.
Ca-alga con ha-ilidad el bar-ero en la ca-algata de la feria enca-ezada por los ca-ezudos, tam-orileros, miem-ros del go-ierno y ca-alleros no-les.
La combusti-ilidad del car-ón que reci-ió el car-onero se halla-a en incompati-ilidad con el precio, por lo que el sir-iente lo dejó en la car-onería, pues no le ser-ía para cocer los ví-eres.
Ca-eceaba a la ca-ecera de la cama mientras el fa-ulista soña-a con el ca-allo -lanco de sus ca-allerizas.

Tema ciento cuatro   CIV

Con el car-oncillo manchó la bar-illa del escri-iente.
El desgo-ierno de esa bar-ería es asom-roso.
Descansa-a la ca-eza so-re el ca-ezal.

Con gran afa-ilidad me a-onó los -izcochos el -enerable escri-ano.

Derri-aron el ca-allete y a-ollaron el em-udo que ha-ian su-ido.

Reglas de la B

1.º — Se escribe **b:** Delante de consonante.
Ejemplo: **libro.**

2.º — En el verbo **haber** y en las terminaciones aba, abas, aba, ábamos, abais, aban, de los pretéritos imperfectos de indicativo de los verbos de la 1.ª conjugación.

Nota. — Queda incluido el del verbo **ir.**
Ejemplo: **saltabais** y Sebastián os **miraba.**

3.º — En todo vocablo que tenga el grupo **bu.**
Ejemplo: **buzo, taburete.**

Excepciones: vuelve el párvulo y vuela trayendo vuestra válvula perdida entre el vulgo cerca del vuelco.

4.º — En todo vocablo que tenga la consonante **rr.**
Ejemplo. **barrendero.**

5.º — Después de **m.**
Ejemplo: **bombilla.**

6.º — En las palabras que empiecen por **al, abo, bien** y **bene.**
Ejemplos: **albañil, abogado, bien, benedictino.**

Excepciones: aliviar, alevosía, Álava, venerable, vientre, viento.

7.º — En todos los verbos terminados en **bir.**
Ejemplo: **escribir.**

Excepciones: hervir, servir, vivir.

8.º — Cuando principien por **bi,** significando dos, y **bibl** y las que finalicen por **bilidad.**

Ejemplos: **biciclo** (**bicicleta**), **biblioteca, habilidad.**

Excepciones: movilidad y civilidad.

VOCABULARIO

Biberón	Bilbao	biombo	bisturí
bicho	billar	biografía	bisutería
bigote	billete	bisonte	bizantino

> Recordamos que se escriben con *b* las palabras de la regla 8.ª, o sea, cuando principien por *bi*, significando dos, y *bibl*. También las que empiecen por *bien*.
> Las restantes palabras no dadas en las reglas y en este vocabulario deben escribirse con *v* seguida de la vocal *i*.

Tema ciento cinco   CV

Guarda-an las lentes -icóncavas y -iconvexas en el reci-idor.
La -urguesía ro-usteció su ci-ilidad con el -ulgo empo-recido.
Los coches -lindados com-atieron con gran mo-ilidad.
El bar-ero nota-a ali-io en el -ientre hinchado como un bom-o.
Hasta -ilbao -iajó un -iajante ser-icial y ama-le.
-i en la -iblioteca un -iejo li-ro -ilingüe y lo pedí al -ibliotecario.
El -izconde cam-ió el -illete del -iaje a -iena.
El -iernes mi tío -icente que es -izco -isitará la exposición -inícola.
La -iografía del céle-re -izcaíno la escri-irá ese infatiga-le -iajero.
El -iombo color -ioleta, muy -istoso, tapa-a las cajas de -ino y -izcocho.
La -íspera del -iaje en que i-a a ser -íctima -íctor lo -i con el -iudo.
-ino sin bar-a y sin -igote después de -isitar al bar-ero.
El -igilante -igilaba las -iviendas del -isonte y de las -íboras.

Tema ciento seis   CVI

-ieron -ien los -ichos que ha-ía en la -iña cerca de la -id.
En la -illa canta-an -illancicos los -illanos que -inieron Na-arra.
Sopla-a con -iolencia el -iento y choca-a contra los -idrios de la -istosa -ivienda.

Operaban la -íscera con el -isturí a la -vista del -icario.
-itoreaban a los -izarros y -iriles com-atientes después de la -ictoria.
El car-onero, des-iviéndose por el pár-ulo, trajo la ser-illeta y el -iberón.
Cerca de la -utaca he -isto una -ihuela, un -iolín y un -illar.
-uelve el -il -iandante -iolentamente -ituperado por su a-uelo.
-ienaventurados los que a-orrecen el -icio y -iven en la -irtud.

Tema ciento siete CVII

Al-erto, con una -isera en la ca-eza, monta-a en la -icicleta y lleva-a varios tu-ulares que a-ultaban mucho.
Los -isitantes ala-aron los -isillos que ha-ían -isto en una -itrina.
Los ala-arderos su-ieron las -ituallas a la ha-itación del -iejo go-ernador.
Un -iaje intermina-le, con numerosos -iaductos, que -iene o-ligado a realizar cada -ienio.
-ienvenidos los -iolinistas que por su ha-ilidad vi-ieron la algara-ía del triunfo.
El mori-undo reci-ió el -iático mientras a su ca-ecera la fiel sir-ienta reza-a.
Por -ía aérea -ienen las -itaminas que -uscaron para el hijo de la -iuda.

Tema ciento ocho CVIII

En la mezquita -izantina hay unas artísticas -isagras -isibles al público.
El -izconde, picado de -iruelas, compró en la -isutería o-jetos de -idrio.
En las -inagreras puse el -inagre que con ama-ilidad pidió el -urgués.
Vi-ió toda la -ida como una -irgen, siempre al ser-icio de la -irtud.
-iolaron con ale-osía la paz y las -icisitudes de la guerra tenían en -ilo a la po-lación.
Se derrum-ó la -iga que ocasionó varias -íctimas en las ca-allerizas.
El auto-ús dio un -iolento -iraje en la -ifurcación.
Escri-ió la -iografía del ca-allero un -enévolo y -iejo escri-iente.

Tema ciento nueve   CIX

Acentuar debidamente: -ictima de la -ibora murio en el hospital la -ispera de mi santo.

Con el -isturi opero Se-astian la -iscera. Si martir es -isilaba tam-ien lo es -iolin. Reci-io el -iatico al atardecer. El par-ulo vio el -iberon. El -izcaino fue a la -ia del ferrocarril con su tio. El cristal -iconcavo llego de Tanger. -ictor -igilo los -iveres del almacen. El al-añil compro al-erchigos. Cam-ie el al-um por el li-ro de alge-ra. Se rompio el al-ornoz el miercoles. Se que -ino y se fue otra vez a Cadiz. Ni tu ni yo -imos el cafe.

PALABRAS DE DOBLE SIGNIFICADO

Bacia.—Objeto de barbero.
Balido.—Voz de animal.
Barón.—Noble.
Basto.—Sin pulimento.
Bello.—Hermoso.
Bienes.—Riqueza.
Botar.—Saltar.
Grabar.—Esculpir.
Rebelar.—Sublevar.
Sabia.—Tiene sabiduría.
Tubo.—Pieza hueca cilíndrica.

Vacia.—Hueca.
Valido.—Ministro.
Varón.—Sexo masculino.
Vasto.—Extenso.
Vello.—Pelo.
Vienes.—Verbo venir.
Votar.—Dar voto.
Gravar.—Cargar.
Revelar.—Manifestar secreto.
Savia.—Jugo de las plantas.
Tuvo.—Verbo tener.

Tema ciento diez   CX

Según me re-eló el -iajero se re-elaron -iolentamente los ca-ezudos contra los gigantes.

Si -ienes a -isitar al -iudo verás los -ienes que ha reci-ido.

Increí-le que un hom-re tan -asto y -ulgar tenga tan -astos -iñedos.

El -arón de Cascarra-ias es un -arón de -astos conocimientos y de incalcula-les -ienes.

Está furi-undo al no ha-er -otado en las elecciones a go-ernador.

Ha-ia -otado la pelota con -iolencia en -uestra alco-a.

El bar-ero colgó la -acia en la puerta de la bar-ería.

-acia queda-a la vi-ienda sin la ser-icial ser-idumbre.

-ino con un tu-o de -idrio y lo tu-o un momento en el -ufete.

Tema ciento once   CXI

Al-erto me re-elaba la noticia de que los o-reros se i-an a re-elar y declararse en huelga.

Quedó esto gra-ado en mi cere-ro, de tal manera, que no oí el -alido de las o-ejas que allí ha-ia, ni -i pasar al -alido del rey que tanto a-usa de su poder al gra-ar al pue-lo con sus tri-utos.

El al-añil, que tiene mucho -ello en el -razo, hizo ese -ello di-ujo.

Sa-ia lección so-re la sa-ia -egetal nos dio el -irtuoso profesor.

El escultor gra-ó el -usto que -isteis en el vestí-ulo del -urgués.

Sé -otar el -alón y no pude -otar el -iernes a mi -ienhechor para concejal.

Tema ciento doce   CXII

Buscar los derivados de: batalla, banco, libertad, bandera y barca.

Tema ciento trece   CXIII

El -alido tu-o la -andera y al frente del -atallón o-tuvo la -ictoria so-re los -arones y no-les que se ha-ían re-elado.

El -alido de los animales llega-a hasta el -arco que espera-a em-arcarlos.

El a-anderado -istióse con el -ello uniforme de -atalla y de un -ote su-ió al -igoroso ca-allo con el que ca-algó -iril, -izarro y -atallador hasta los -arracones enemigos cuyas -anderolas flota-an al -iento.

El -ello que cu-re su -razo es a-undante y me ha dicho que no -ote para diputado al li-ertino que -ajó de la em-arcación.

Me re-eló que el acusado del -anquillo sería li-erado por el tri-unal.

El tu-o de la -icibleta que tu-o Andrés lo -imos en un -anco.

VOCABULARIO

abad	aprobar	balcón	bando	batería
abajo	árbol	balón	barato	bautismo
abandonar	baile	balsa	báscula	beber
abastecer	bajar	ballena	bastante	belleza
abatir	bala	banco	bastardo	bendecir
acabar	baldosa	bandeja	basura	besar
acróbata	balneario	bandido	bastón	boca

VOCABULARIO

bodega	cabaña	habitar	sábado	subasta
boda	calabozo	hierba	sábana	tabaco
bola	cebolla	jabalí	sabor	trabajo
bolsillo	cobarde	jabón	saber	taberna
bondad	corbata	obedecer	silaba	tabique
bonito	cubierta	rabia	silbar	tobillo
botella	cubo	rabo	sobaco	tobogán
bóveda	deber	rebaño	soberano	torbellino.
boxear	hábil	robar	soberbia	turbio
bozal	habitante	rubio	sobornar	víbora

Tema ciento catorce   CXIV

El a-ad a-asteció con -astantes -íveres a la a-adía.
El -iejo -io -ajo el ár-ol al -igilante con un -astón de -ambú.
Después de la -oda hu-o un -onito -aile con música de -iolines.
El acró-ata su-ió al ár-ol y -ajó en un -uelo en -usca de la be-ida.
Le -imos en el -olsillo la -otella de -ino que le dio el -arbero.
El -andido ro-ó al -anquero -astantes -illetes de -anco.
Juga-a al -illar con el -ondadoso -illano que trajo el re-año.
La -allena -igilada desde el -arco -uscaba la li-ertad em-istiendo -iolentamente.
De la -odega de la em-arcación su-ieron los -arriles de -ino para los -arqueros que en una -alsa ha-ían arri-ado después de un so-erbio -iaje.

Tema ciento quince   CXV

El al-añil aca-ó de poner las -aldosas en el -alneario o-edeciendo a su jefe.
Con ha-ilidad corta-a la hier-a para su dé-il ca-allo.
La de-ilidad del -oxeador después del com-ate preocupa-a al -endito escri-iente.
Se a-atieron como un tor-ellino los -astardos -andidos so-re la -onita -illa y, o-edeciendo a su so-erbio jefe, aca-aron con la -elleza de los hoteles -urgueses y del -alneario, derri-ando las ca-añas de los car-oneros que vivían del car-ón y de sus re-años.
A-andonó la -asura de los ha-itantes del cala-ozo en la -oca del túnel.
En una -andeja traía la sir-ienta la -otella de coñac so-erano

Tema ciento dieciséis   CXVI

Pro-aron una copa de -ino y apro-aron la -ondad del licor.
Sa-iendo que su-iría el sa-io a cu-ierta dispuso tan sa-iamente las cosas que el reci-imiento fue sober-io.
Ra-iaba el mono porque le ro-aban há-ilmente los -izcochos.
Fuma-a ta-aco ru-io mientras levanta-a un ta-ique en la ta-erna.
Descansa-an a la som-ra de los ár-oles los tra-ajadores que aca-aron el tra-ajo.
-uelve el sá-ado para traer sá-anas -astante -aratas.
Pesa-an en la -áscula las ce-ollas que aca-aban de comprar.
-ajo la -óveda de la catedral reci-ió el -autismo.

Tema ciento diecisiete   CXVII

El par-ulito reci-ía -esos de su a-uelito por su o-ediencia.
Sa-ías que en la ta-erna ha-ía -otellas de un -ino muy -ueno.
El -iajante ala-ó la -elleza incompara-le que se divisa-a desde el -alcón.
El -icario de Cristo -endijo a los ha-itantes de Roma que llena-an la Plaza de S. Pedro.
Apro-aron al escri-iente porque sa-ía escri-ir muy -ien.
Sa-emos que el sá-ado ro-aron -istosos o-jetos de la su-asta.
So-ornaron a los que ha-itaban en las -arracas del arra-al.
Sil-aba el pastor -uscando las ovejas de su re-año.
El ja-alí mordió ra-iosamente al perro en el ra-o.

Tema ciento dieciocho   CXVIII

Exhi-ía cohi-ido el niño ru-io el to-illo cu-ierto de sangre.
-ajo el so-aco lleva-a el -ozal para el perro que -igila.
Se publicó el -ando contra los -andidos que ha-ían ro-ado en el -anco.
Be-imos el -ino de la -odega que nos sir-ieron.
El em-utido, de agrada-le sa-or, fue ala-ado por el -anquero.
El gesto -ondadoso del ro-usto -arquero causó al-orozo en el -arrio.
Del -oxeo, deporte -iolento, de-emos ali-iar su dureza con sa-iduría.
Aca-aremos el de-er escri-iendo los voca-los -isílabos que -imos en el voca-ulario y separando sus síla-as.

Tema ciento diecinueve CXIX

Colocar la coma, el punto y seguido, y el punto y aparte donde convenga: El bar-ero tra-ajando desde el al-a afeita-a la bar-a corta-a el ca-ello da-a masajes lava-a las ca-ezas frota-a seca-a cepilla-a y peina-a algunos solicita-an -rillantina otros en cam-io colonia todos salían sil-ando de satisfacción después de comer su mujer le atendía ser-icial le ser-ía el café el licor de la -otella el azúcar los -izcochos el ta-aco y le acerca-a el cenicero por la tarde el -ondadoso bar-ero entretenía al cliente habla-a de la -ida del pue-lo del -oxeo del fút-ol de ca-allos de -icicletas y de los acró-atas del circo.

Tema ciento veinte CXX

Colocar la coma, el punto y seguido, y el punto y aparte donde convenga: Al anochecer aca-ado el tra-ajo en la bar-ería su esposa le distraía contándole los chismes del pue-lo el precio a-usivo del car-ón el mal genio del car-onero la -aratura de las ce-ollas el -ino -autizado la riña del -asurero con el ja-ón la -elleza del -alcón florido las contri-uciones con que el go-ierno gra-aba, el dinero que le queda-a en el -olsillo y hasta la -ata que se ha-ía hecho la -ecina su marido -enevolente la escucha-a después da-a el bi-erón a su hijito lo -esaba lo mima-a le canta-a -ellas nanas y lo dormía.

EJERCICIOS DE REPASO

Tema ciento veintiuno CXXI

Al-erto coge su -olsa de li-ros, -aja la escalera de su ha-itación y -aila contentísimo porque se sa-e -astante -ien los que-rados y ha hecho, sin ningún -orrón, el de-er.

Después de -esar a su mamá, de la que reci-e saluda-les y -ondadosos consejos, va a -uscar a su amigo Ja-ier, tan jo-en y -ivaracho como él, que -igilante espera-a tras los -isillos de su -alcón.

Am-os se saludan poco después y, pasándose el -razo so-re el hom-ro, se dirigen al colegio.

Ven como la bar-ería de su -arrio está -acía. El bar-ero aca-aba de colgar en la puerta la -acía.

3 — Ortografía

Tema ciento veintidós   CXXII

Más a-ajo, de unas -arracas, dos mozal-etes se a-ofetean con ra-ia, -añándose la cara en sangre. Al-erto y Ja-ier -uscan la cola-oración de un hom-re que i-a a la fá-rica y que, le-antando a uno que ha-ía sido derri-ado por ser el más dé-il, le pregunta el o-jeto de tan bár-ara y -iolenta disputa.

Los dos, ru-orizados, sa-en lo que es el sa-or de la -ergüenza y, con la ca-eza -aja, apenas sus la-ios tem-lorosos se a-ren para ha-lar so-re los motivos del -oxeo.

Antes de a-andonarles el -enévolo tra-ajador les prohi-e que -uelvan a darse -ofetadas y les dice: "El de-er de los -uenos cristianos es vi-ir siempre como hermanos."

Tema ciento veintitrés   CXXIII

Su-en a la clase y se distri-uyen -uscando sus -ancos -arnizados.

Un crucifijo a la -ista -endice sus oraciones y la la-or que aca-a de comenzar. El -ondadoso profesor escri-e: "Li-raos de hacer sólo -uenas o-ras para ser -istos de los hom-res." Sa-io pensamiento que aconseja, a los que quieran vi-ir en la -irtud, que no de-en reci-ir ala-anzas por sus -ellas acciones.

Los ár-oles se pue-lan de pájaros, -iajeros infatiga-les, que -igilan el tra-ajo infantil y a través de los -idrios más de unos ojillos al-orozados cam-iarían su de-er por la algara-ía y la li-ertad de estos -enditos animalitos.

Tema ciento veinticuatro   CXXIV

O-edientes escuchan -reves momentos las vi-rantes y -ellísimas explicaciones del profesor.

Oyen boquia-iertos la -ida de las tri-us i-eras o de los ára-es su-iendo infatiga-les por todas las tierras y exhi-iendo un -atallar incansa-le.

-uela el tiempo y otros pue-los, con las re-eliones de sus ha-itantes y sus am-iciones, aparecen en la -ida. Las prue-as terri-les que pasan sus -ravos -atallones, -arridos unas -eces, -ictoriosos otras. La ca-allería sucum-iendo ante las bom-as, derri-ados ca-allos y ca-alleros en horri-le mezcla con tam-ores, sa-les, -anderas y -íveres. Los mori-undos, tum-ados por los

-arrancos sin poder reci-ir una palabra -enévola o el ali-io de un -eso materno.

Después, cómo los go-iernos responsa-les de estas lamenta-les hecatom-es aca-an a-atidos por su propia so-erbia.

Tema ciento veinticinco   CXXV

En geografía Al-erto descri-e há-ilmente las ur-es principales como Madrid, -arcelona, -alencia, Se-illa céle-re por la -elleza incompara-le de su -óveda celeste, -ilbao con -arcos a-arrotados de hierro y car-ón que su-en y -ajan con mo-ilidad asom-rosa por la desem-ocadura de su río.

Ja-ier, aunque bal-ucea, aca-a de descri-ir sin equi-ocaciones y ha-la de -urgos, Al-acete con -iejas y renom-radas fá-ricas de armas -lancas, Ála-a, Na-arra que -uelca por doquier el -ino que producen los -iñedos de la Ri-era, y, finalmente, Huel-a con sus minas de co-re.

Tema ciento veintiséis   CXXVI

Colocar la coma, el punto y seguido, y el punto y aparte donde convenga: En las u-érrimas y -enditas huertas de -alencia se tra-ajan a-undantemente los ár-oles como el algarro-o naranjo al-aricoquero y el al-erchiguero a-astecen tam-ién otros mercados con sus melones cala-azas -erenjenas ha-as ce-ollas y alu-ias la Meseta produce gar-anzos ce-ada trigo y lana de sus re-años de o-ejas para la-rar com-inan el ro-usto -uey y el mulo en el Norte -emos el maíz la hier-a de sus prados permite vi-ir a muchas ca-ezas de ganado -acuno el Sur es ala-ado por sus ca-allos -inos y oli-ares.

Tema ciento veintisiete   CXXVII

En el recreo vi-en su rato de -ulliciosa li-ertad -ajo la -ista -igilante de los profesores.

Unos juegan al fút-ol lle-ando el -alón no-lemente de un sitio a otro en -usca de la -ictoria entre dos -andos que aprue-an sus faltas sin tener ár-itro.

En los juegos de -olos hay un pár-ulo ru-io, la-ios -urlones y ojos vi-os que tiene asom-rosa ha-ilidad para arrojar las -olas.

Al-erto y Ja-ier no se -urlan, ni a-usan de los dé-iles. Nunca se a-urren y son un ejemplo de -ondad para con los -iejos.

Tema ciento veintiocho   CXXVIII

A-andonan el colegio después de ha-er reci-ido su -oletin que lle-an en sus -olsas, vol-iendo o-edientes a sus casas sin causar al-orotos ni -iolencias, como algunos niños deso-edientes.

Al-erto -esa a sus padres y se retira a su alco-a. Allí recoge una -otella y un -otijo que ha-ía en la -utaca y los mete en un -aúl. Juega con sus -alanzas y con una cara-ela que le regaló su a-uelo, y después con la -ata puesta, saca sus li-ros y li-retas para reanudar su la-or escolar.

Al-erto es -ueno y si aprue-a sus padres le regalarán -onitos di-ujos y algún -illete de -anco para su hucha.

¡Niños, sed -uenos porque la -ondad es -elleza del alma!

Tema ciento veintinueve   CXXIX

Colocar la coma donde convenga: Su mamá distri-uye su tra-ajo en las alco-as de la casa colgando al-ornoces do-lando las sá-anas planchando las ser-illetas limpias cepillando el pol-o de las -utacas dando -rillo al -arniz de los mue-les -arriendo con la esco-a recogiendo el -arro que dejan las -otas so-re las -aldosas -ajando el cu-o de la -asura al -asurero ordenando los o-jetos de las ha-itaciones y finalmente -ordando en el -astidor haciendo encajes con sus -olillos cosiendo -otones -olsillos -atas y alguna -ufanda.

Tema ciento treinta   CXXX

Me dijo que a-ajo ha-ían a-ierto el -ufete con el -astón.

La ser-idumbre -arrió la ha-itación del ca-allero y -ajó a reci-irlo.

Desde el -alcón descu-rieron cómo aquel -iejo fuma-a ta-aco ha-ano y be-ía -ino de la cu-a.

No de-éis derri-ar los árboles y ar-ustos porque son -bienes inagota-les que vi-en para -uestro -ienestar.

Mientras vi-as vi-e siempre en Dios y sír-elo.

El al-añil tra-ajaba poniendo -aldosas en la vi-ienda del go-ernador.

San José, humilde y la-orioso, a-andonó -elén o-edeciendo al ángel.

Tema ciento treinta y uno   CXXXI

Un -aturro que monta-a en un pacífico -urro i-a a la -ecina -illa sil-ando -ellos -illancicos de Na-idad cuando -io al -orde del camino una po-re -ieja que con un -astón en la mano y un montón de -ártulos en sus hom-ros seguía penosamente su misma dirección. Nuestro hom-re de no-les sentimientos -ajó del -orrico y la su-ió, no sin antes darle -arias ce-ollas, gar-anzos y pan de su -olsa, haciéndole be-er la leche que lleva-a en una -otella.

El -ondadoso -aturro practica-a en los dé-iles la caridad, la más no-le y hermosa de las -irtudes.

Tema ciento treinta y dos   CXXXII

Si -ienes trae el pár-ulo con su a-ecedario.

Con un -igor terri-le aquel tor-ellino derri-ó ár-oles y -igas, arre-ató -astantes -estias de sus co-ijos y produjo innumera-les -íctimas entre la po-lación ci-il.

Cristó-al Colón arri-ó con sus cara-elas a las tierras descu-iertas por él, el 12 de octu-re de 1492, festi-idad de la -irgen del Pilar.

A-andonaron el -arco los -igías y ju-ilosos -isitaron las ca-añas de la sel-a.

Mi -ecino -ota el -alón de fút-ol y, en cam-io, no -ota en las elecciones.

El -urgués se protegía -ien la -ista con la -isera.

Tema ciento treinta y tres   CXXXIII

Colocar la coma, el punto y coma, el punto y seguido, y el punto y aparte dande convenga: Los em-ajadores de los go-iernos cele-raron el sá-ado un -anquete en el hotel "-ahía" se les sir-ió -utifarras -esugo re-ozado carne de ja-alí con ha-as al-óndigas a-undantes -otellas de -ino de las -odegas se-illanas -arquillos y finalmente melocotón en almí-ar las pala-ras por sus síla-as se di-iden en *monosíla-as* como -ar -id *-isílabas* como be-er -oda -irgen -oca -ala *trisíla-as* como co-arde -iruta apro-ar -álsamo -endecir *polisíla-as* como -illancico a-ogado ca-allerosamente cara-ela tor-ellino.

V

1.º — Se escribe **v** en las personas de los verbos que no tienen **b** ni **v** en su infinitivo. Se exceptúa aba, abas, aba, ábamos, abais, aban, ya estudiadas.

Ejemplo: **andar,** andu**v**e.

ANDAR

Indefinido	*Imperf. Subjuntivo*	*Fut. Imp. Subj.*
Yo anduve	anduviera (ese)	anduviere
tú anduviste	anduvieras (eses)	anduvieres
él anduvo	anduviera (ese)	anduviere
nos. anduvimos	anduviéramos (ésemos)	anduviéremos
vos. anduvisteis	anduvierais (eseis)	anduviereis
ellos anduvieron	anduvieran (esen)	anduvieren

Tema ciento treinta y cuatro   CXXXIV

Estu-o escri-iendo el de-er y no lo entretu-ieron ni se detu hasta que lo tu-o concluido.

Si se mantu-iese la a-undancia de llu-ias se tendrían a-ultado -eneficios.

Los la-radores vi-irían horas de jú-ilo.

Le prohi-ió que andu-iera sin las -otas por la fría -odega.

Desandu-imos tam-aleando en -usca del cu-o y tu-imos que em-arcar sin el com-ustible que ambicioná-amos.

Mantu-ieron los ca-allos con ce-ada, pero como en las ca-allerizas no hu-iese -astante tu-imos que aca-ar por darles hier-a.

Como no andu-isteis lo suficiente me dijo que andu-ierais hasta el pue-lo.

Tema ciento treinta y cinco   CXXXV

Retu-isteis el li-ro y se abstu-o de ha-lar, y para que no estu-iera atri-ulado y tu-iese algo para leer obtu-e del bi-liotecario una -ellísima re-ista.

Si tu-ieseis alguna cor-ata -arata con -ella com-inación de di-ujos os agradecería la retu-ieseis aparte.

Estu-ieron o-edientes porque sa-ían que el -andido ronda-a ra-ioso por el -osque.

Se mantu-ieron -igilantes tras los ar-ustos, cerca de la ca-aña, hasta que tu-ieron la -isita del em-ajador.

Se atu-ieron al -ando y ca-algaron en -usca del -astardo hasta que lo detu-ieron.

Con afa-ilidad les rogó se abstu-ieran de -urlarse del cohi-ido -iudo.

Tema ciento treinta y seis   CXXXVI

Lo que estu-iere por cuenta de Dios no correrá peligro.

Si de los amigos retu-iereis lo -ueno -uestros actos serían no-les.

Andu-imos tras el ro-usto sir-iente que con gran ha-ilidad se zam-ulló en las tur-ulentas aguas y aunque mantu-imos la -úsqueda reci-imos la noticia de que se ha-ía esca-ullido entre los ar-ustos de la ri-era.

Sostu-ieron la entre-ista y obtu-imos algunas fotos que nos abstu-imos de enseñar.

Estu-o escri-iendo en el vestí-ulo del -alneario con una -andeja de -izcochos al lado.

Obtu-ieron los -illetes y tu-ieron que suspender, poco después, el -iaje de -odas.

Las formas del ver-o *ir* de-en lle-ar *v*, por lo que -amos a ponerla en las que -ayamos escri-iendo, como -oy con la -áscula aunque -ayas con las -alanzas. Se exceptúan yo i-a, tú i-as, él i-a, etcétera.

> **2.°** — Se escribe **v** en los nombres y adjetivos que terminen en **ivo, iva**.
>
> Ejemplo: **olivo, oliva**.

Tema ciento treinta y siete   CXXXVII

En los días festi-os es compasi-o con los cauti-os que vi-en inacti-os.

El acti-o la-rador llenó una -olsa con las oli-as del producti-o oli-o.

Los grados del adjeti-o son tres: positi-o, comparati-o y superlati-o.

-amos al archi-o para que sepas el moti-o por el cual esta-a pensati-o.

Detu-ieron la misi-a que ha-ía en-iado el vengati-o fugiti-o.

El nati-o andu-o tras el negati-o para hacerse la copia definiti-a.

Los casos del nom-re y del adjeti-o son: nominati-o, geniti-o, dati-o, acusati-o, vocati-o y ablati-o.

En definiti-a, el primer objeti-o, por ser opresi-o es repulsi-o.

Tema ciento treinta y ocho   CXXXVIII

Era equitati-o y caritati-o con los o-reros que tra-abajan en el rotati-o.

Este li-ro tan instructi-o ha-la del aparato digesti-o.

El impulsi-o nati-o obtu-o un reacti-o corrosi-o.

El donati-o del compasi-o -ibliotecario tu-ieron que darlo a los -iejos del -arrio.

Los modos del ver-o son: infiniti-o, indicati-o, potencial, sub-junti-o e imperati-o.

En lo sucesi-o este tra-ajo será exclusi-o de mi expansi-o amigo.

-isitaron los -iaductos que ha-ía -endecido el o-ispo.

Tema ciento treinta y nueve   CXXXIX

El vengati-o -andido trató co-ardemente de a-andonar al pár--ulo con la -iruela.

Andu-e por la cu-ierta del -uque tras el esqui-o marino.

Retu-imos el -ino digesti-o rechazado con gesto despecti-o por el -arquero.

Tu-e miedo que tu-ieses el tu-o explosi-o que a-andonó cuando lo detu-ieron.

Contu-ieron al provocati-o vaga-undo en la -uhardilla.

El a-uelo es -astante aprensi-o y se abstu-o de be-er.

3.º — En todo vocablo que empiece por **ll** o **ad**.
Ejemplos: **llave, adversario.**

Tema ciento cuarenta   CXL

Te ad-ierto que lle-a la lla-e en el -onito lla-ero.

Ad-ertí que su ad-enimiento fue una -endición porque hu-o paz y -ienestar.

El ad-ersario reci-ió la ad-ertencia al -ajar de la ha-itación.

La ad-ersidad ensom-reció la excesi-a felicidad del -izarro go-ernador.

El ad-erbio califica al -erbo y a veces al adjeti-o.

Llo-ía a-undantemente cuando aca-é el -iaje por la zona -inícola.

La llu-ia -eneficia los culti-os y los oli-os están a-arrotados de oli-as.

Escri-iremos en el -orrador una oración ad-ersativa y otra ad-erbial.

I-ais a-atidos porque os falta-a el lla-ín de -uestra vi-ienda.

Tema ciento cuarenta y uno   CXLI

Lle-aba un sil-ato so-erbio que adquirió en la su-asta.

Llo-ía y sigue llo-iendo, y las gotas de llu-ia golpean los -idrios de mi -alcón, mientras el -iento sil-a horri-lemente a tra-és de los ár-oles.

Le ad-ertiremos que de-e cumplir el precepto de Ad-iento.

Contri-uiremos con este llamati-o o-sequio a -eneficio de la tóm-ola.

Si lle-asen el -inagre a la -illa el acti-o -inatero lo -ajaría a la -odega.

I-amos -itoreando a los fut-olistas que i-an en el auto-ús por su -ictoria deporti-a.

En la -oca, que cierran los dientes incisi-os y los la-ios, tenemos la sali-a.

4.º — Se escribe **v** después de **n**.
  Ejemplo: **invierno.**

Tema ciento cuarenta y dos   CXLII

En-olvió el en-ase y lo en-ió al con-ento.

Se in-itó a un aperiti-o al in-entor en el -ar del -alneario.

Estu-ieron en el archi-o di-ujando los ángulos cónca-os y con-exos.

En-uelto en la -ufanda el con-aleciente tran-iario lle-ó en el tran-ía el a-ultado en-oltorio al po-re in-álido de -uestro -arrio.

Con-idó al in-estigador y a los demás in-itados a un instructi-o -iaje en in-ierno.

Andu-imos -astante hasta que -imos a -autista que con-alece en su ha-itación.

Retu-e la lla-e del in-ernadero para que se abstu-ieran los desaprensi-os de desen-olver las -ellas plantas que se in-estigaban.

Los con-idados se abstu-ieron de con-ersar con el despecti-o ca-allero.

Lle-ados por su am-ición in-adieron los -iñedos cuando no ha-ía ad-ersarios.

Tema ciento cuarenta y tres CXLIII

Sin incon-enientes cele-raron am-os -andos un con-enio.

Detu-ieron al fugiti-o en-idioso y lo lle-aron al cala-ozo.

El in-ento que -imos lo tu-e en mi alco-a con moti-o de la -isita del in-entor.

El escri-iente lle-aba el in-entario en lo relati-o a los -ienes del -iudo.

Le contu-ieron para que no desen-ainase el sa-le contra su ad-ersario.

El bar-ero en-idiaba al -enévolo y equitati-o car-onero.

Os detu-isteis porque el -urgués se queja-a del to-illo.

Desen-olvieron el -ulto, pues -uscaban el acti-o -eneno.

I-an algo -iolentos y cohi-idos in-itados por el desen-uelto a-ogado.

Tema ciento cuarenta y cuatro CXLIV

Los in-encibles y -atalladores soldados desfila-an alti-os -ajo el -alcón.

Aca-aron las con-ersaciones, con-iniendo en con-ertir el -osque en -onito jardín.

Le con-encimos para que con-ocase en el con-ento a los in-álidos.

In-irtió el en-oltorio que le en-iaron desde -ilbao y cayó el bi-erón.

Esta-a en el archi-o con su in-ariable afán de in-estigación para descu-rir datos y escri-ir la -iografía del caritati-o sa-io.

In-ernarán los ca-allos en los esta-los con-enientemente ha--ilitados.

Desandu-ieron el camino en -usca de las -itaminas que -ieron en la -itrina.

Un -iolento -iento fue el moti-o por el cual tu-o que -ajar al pue-lo.

5.º — Se escribe **v** en los vocablos que empiezan por **n**.
Ejemplo: **nevera**.

Excepciones: nube, nabo.

Tema ciento cuarenta y cinco   CXLV

El no-elista aca-ó su no-ela y la en-ió al pensati-o editor.

Después de no-enta días de na-egación entraron las na-es en el puerto.

Los nue-e na-ieros na-egaron sin no-edad en no-iembre.

El ni-el de -ida de sus su-ordinados mejoró con el equitati-o sueldo.

Nie-a a-undantemente y la nie-e cu-re los campos de na-os.

Los no-ios reci-irán la ne-era nue-a que -ieron el sá-ado.

Los no-icios del con-ento cele-rarán el día festi-o de la Nati--idad.

Pa-lo sa-e que el Guadalqui-ir es na-egable hasta Se-illa.

El escritor no-el entregó ner-iosamente su o-ra de no-ecientas páginas.

Tema ciento cuarenta y seis   CXLVI

El in-encible -razo del ru-io sujetó a su ad-ersario que empuña-a una na-aja.

Esta-an be-iendo en la ta-erna las noci-as be-idas que tanto les perjudica-an cuando entró, sin que lo ad-irtieran, el a-uelo de uno de ellos.

Son ala-ados los encierros de la capital de Na-arra in-adida por una muchedum-re a-igarrada y ner-iosa, donde cada na-arro compite con los no-illeros ante la en-idia de los extranjeros.

Las nu-es cu-ren la -óveda celeste y la llu-ia en-uelve a la -illa.

Hizo no-illos y el profesor con saluda-les pala-ras les hizo -er lo noci-o de su a-andono.

Para ni-elar la ha-itación el al-añil usó el ni-el.

Tema ciento cuarenta y siete   CXLVII

El so-erano -iajaba en la cu-ierta de su na-ío -igilando al enemigo.

Te ad-ierto que los nati-os vi-en cristianamente la Na-idad.

Los in-itados a la -oda llena-an la na-e del templo.
El -iento -iolento les o-liga a na-egar con ha-ilidad.
Retu-e a los no-atos que tu-ieron que desen-olverse por sí solos.
La ne-ada fue a-undante y desde el al-ergue se divisa-a toda la belleza del ní-eo paisaje.
Como no-edad i-an unas be-idas para los in-itados.
-amos a su-ir a la -uhardilla y -ajaremos la -ieja ne-era.
A-andonad la en-idia y -uscad la -irtud que em-ellece siempre.

6.º — Se escribe **v** en las palabras que empiezan por **ave, ver, avi.**

Ejemplos: **avestruz, vértice, avión.**

Excepciones: abecedario, abeja, abertura, berenjena, abismo, abierto.

Tema ciento cuarenta y ocho CXLVIII

-eremos el -erde a-ellano con a-undantes a-ellanas.
Desde el -értice trazó una -ertical a la -ase.

El mejor a-iador de nuestra a-iación vola-a en a-ión so-re A-ilés.

La -erdulera lle-ó las -erduras hasta la -erja del mercado de a-astos.

En el -erano se -en las -erbenas in-adidas por -eraneantes.

El a-enturero echó a-ena a las a-es por una a-ertura.

-ieron el a-ismo a-ierto en la -ertiente de la montaña.

Adán y E-a vi-ían en un -ergel delicioso a-arrotado de ár-oles.

El a-estruz a-entaja en rapidez al ca-allo.

Le res-aló una furti-a lágrima a su hijo adopti-o cuando lo detu-ieron.

El -andido, con provocati-o ademán, derri-ó el -ando gubernati-o.

Tema ciento cuarenta y nueve CXLIX

El -eredicto del tri-unal a-ergonzó al a-ispado -uñolero.

El -erdugo espera-a que retu-iesen al reo hasta el -iernes.

Se abstu-ieron de su-rayar el -erbo y, en cam-io, lo esta-a el adjeti-o.

I-amos a con-idarte con un aperiti-o, pero -imos que ha-ías comido ya.

El a-icultor -igilaba sus a-es desde el -alcón de su alco-a.

A-ergonzado de su acción reza-a a-emarías en la na-e o-scura de la iglesia.

-amos a -er el a-ecedario del par-ulito que le en-ió el no-elista.

-ieron -erenjenas que la -erdulera en-olvía en papel.

Se a-ino a lle-ar el a-iso al no-icio del con-ento.

Tema ciento cincuenta CL

Tu-o una a-ería en la -icicleta y al a-eriguar que -erdaderamente era de -astante en-ergadura a-isó a un acti-o mecánico.

Da-a -értigo ir por la -ereda de la esca-rosa -ertiente.

-ertió en un -aso el -ino que -ieron en una -otella.

Se a-ecindó en A-ila tras la a-entura que tu-o durante el -erano.

-erificó la prue-a del nue-e y -io que esta-a -ien.

-erás cómo las a-ejas han in-adido la a-ertura de la pared.

A-ituálló la a-iación a los super-ivientes del -iolento ciclón.

Ha-la y escri-e la -erdad, porque la -erdad enno-lece.

Tema ciento cincuenta y uno   CLI

Acentuar debidamente.

Es muy -erosimil que para Na-idad me a-isen desde Aviles.
Trazare desde el -ertice superior la -ertical a la -ase del triangulo.
El a-iador paso en su a-ion a una -elocidad que producia -ertigo.
Se encontro una -ertebra fosil de animal prehistorico.
El na-io na-ego por el oceano Pacifico.
El ha-il tra-ajador en-olvio el lla-in para el in-alido.
Tu no lo sa-ias y Fernandez si.
¿Por que no tomo el aperiti-o que este le con-ido?
¡Que -ergüenza nos dio -er aquel espectaculo!

Tema ciento cincuenta y dos   CLII

Buscar los derivados de: polvo, vaca. vela, clavo y lavar.

Tema ciento cincuenta y tres   CLIII

La sir-ienta -arre el pol-o y recoge la -asura en el cu-o.
El -aquerillo que -igilaba la -acada tenia las -otas cla-eteadas.
La la-andera la-aba en el la-adero la -ata nue-a.
Se empol-ó en el la-abo y fue al -aile de la -erbena.
Desempol-ó los -iejos li-ros que -io en el -aúl de su -isabuelo.
Clavó -astantes cla-os en un -arril de su -odega.
Resalta-a su -elleza al empol-arse con los pol-os de aquella pol-era.
El -iento sopla-a -igorosamente contra el -elamen del -arco -elero.
Espol-oreaban una su-stancia contra los -ichos de los ár-oles frutales.

7.º — Se escribe **v** cuando empiecen por **pre, pri, pro**.
Ejemplo: **previsor, provinciana**.
Excepciones: probar, probabilidad, probidad.

Tema ciento cincuenta y cuatro   CLIV

Se pro-ó que el pro-inciano era pre-isor.
El hom-re es pro-o cuando es honrado y -ondadoso.

Pre-aleció el moti-o de apro-echar pro-isionalmente las aguas que i-an -ertiginosamente a las ri-eras pantanosas del río.

Se promo-ió una -iolenta con-ersación entre el pro-enzal y mi -ecino, cada cual ala-ando su pro-incia y -uscando am-os con--incentes razones que ni-elasen las del ad-ersario. Aca-aron por confesar que am-as ha-ían sido pri-ilegiadas pró-idamente por la pro-idencia.

Tu-o la posi-ilidad de -er al -isonte y al a-estruz pri-adamente.

Tema ciento cincuenta y cinco   CLV

Aquel pár-ulo pro-isto de sus li-ros -a con su pro-erbial puntualidad al colegio, donde reci-e las sa-ias y pro-echosas enseñanzas que le con-ertirán en un hom-re ca-al y de pro-echo.

Quisieron lle-ar en un -iaje las pro-isiones, pero fue imposi-le y tu-ieron que -olver de nue-o a la -ase de a-astecimiento.

Le pri-aron pro-isionalmente de los -arquillos y el almí-ar por su deso-ediencia.

La pri-anza del -alido pro-ino de su pri-ilegiada afa-ilidad.

Pre-alece la costum-re de cantar -illancicos los días na-ideños.

Con aire pro-ocativo se lle-ó la no-ela de la ha-itación.

Tema ciento cincuenta y seis   CLVI

Se pro-eyeron de ví-eres pre-io su a-ono en -illetes de -anco.

Promo-ieron al-orotos, pri-ando al -ecindario de su -ienestar.

Se desen-olvieron sin ner-iosismo las con-ersaciones pre-istas.

El go-ernador andu-o a-isando para que estu-iesen pre-enidos contra la a-iación.

Con pre-isora -isión ha-ía in-itado pre-iamente al em-ajador.

Se sal-aron pro-idencialmente todos los -iajeros en el -uelco de tran-ías.

Llu-ias y nie-es a-undantes fueron pre-istas por el O-servatorio Meteorológico de -arcelona. Oí la pre-isión por la tele-isión.

Dice el pro-erbio que el pre-isor suele vi-ir una -ejez tranquila.

Tema ciento cincuenta y siete   CLVII

Los na-egantes sostu-ieron pri-aciones y luchas contra las -iolentas -orrascas.

Por su pro-echosa acti-idad en el tra-ajo los niños tu-ieron la alegría de ser lle-ados al parque a -er el ja-alí, el lo-o y el -úfalo.

Pro-aron el ja-ón, la -rocha y las na-ajas de afeitar.

La pro-idad del in-álido era e-idente y no se le pri-ó de la máquina de escri-ir que necesita-a para su tra-ajo.

I-an con toda pro-abilidad a promo-er al-orotos por los -arracones.

El in-icto -atallón fue reci-ido entre -ítores y montañas de -ioletas.

-imos una -erdadera -erruga en la mandí-ula del car-onero.

Reglas de la V

Se escribe **v**:

1.º — En las personas de los verbos que no tienen **b** ni **v** en su infinitivo. Se exceptúa **aba, abas, aba, ábamos, abais, aban,** ya estudiadas.

  Ejemplo: **andar, anduve.**

2.º — En los nombres y adjetivos que terminen en **ivo, iva.**

  Ejemplos: **olivo, oliva.**

3.º — En todo vocablo que empiece por **ll** o **ad.**

  Ejemplos: **llave, adversario.**

4.º — Después de **n.**

  Ejemplo: **invierno.**

5.º — En los vocablos que empiezan por **n.**

  Ejemplo: **nevera.**

  Excepciones: nube, nabo.

6.º — En las palabras que empiezan por **ave, ver, avi.**

  Ejemplos: **avestruz, verja, avión.**

  Excepciones. abecedario, abeja, abertura, berenjena, abismo, abierto.

7.º — Cuando empiecen por **pre, pri, pro.**

  Ejemplos: **previsor, provinciana.**

  Excepciones: probar, probabilidad, probidad.

VOCABULARIO

adivinar	conmover	equivocar	oveja
agravar	curva	esclavo	pavimento
atravesar	desvanecer	evadir	reventar
avanzar	**desviar**	evaporar	revista
avaricia	devastar	evitar	revólver
cautivar	devoción	evocar	severo
cavar	devorar	favor	salvaje
cavilar	divertir	joven	travieso
cerveza	división	levantar	vacación
ciervo	elevar	mover	vacilar

Tema ciento cincuenta y ocho   CLVIII

El escla-o se e-adió atra-esando los -osques ne-ados.
El a-aro no se conmo-ió al -er al escla-o de-ilitado.
Des-iaron la con-ersación para e-itar la -ergüenza al nati-o.
El -andido asustó con su re-ólver a las -iejas que esta-an en el vestí-ulo.
Se di-ierten los jó-enes e-ocando las a-enturas del sá-ado.
El tra-ieso pár-ulo re-entó el glo-o que le dio el no-icio.
El lo-o de-oró a la dé-il o-eja des-iada del re-año.
Des-aneció̀se la nie-la ele-ándose mo-ida por el -iento.
Se equi-ocó en la prue-a de la di-isión que lle-aba como de-er.

Tema ciento cincuenta y nueve   CLIX

La sir-ienta quitó el pol-o del ca-allete del di-ujante.
La cur-a de la -ifurcación fue el moti-o del -iolento -iraje y del -uelco del ómni-us, aunque no hu-o -íctimas.
Los -ienes del a-aro esta-an en una -olsa -ajo el pa-imento.
Los in-asores de-astaron sin -acilar las cosechas de los pre-isores la-radores.
La re-ista que le en-iaron durante las -acaciones la -imos en la -utaca.
Culti-an el arroz en la al-ufera de -alencia.
Durante las -acaciones de Na-idad nos di-ertiremos con nuestro -elero, al que -eremos na-egar en el la-adero.
Detu-ieron des-anecido al escla-o e-adido.

Tema ciento sesenta   CLX

Adi-inó que su so-rino su-iría en la su-asta en fa-or de la conmo-ida jo-en.

No se atu-o a las -enenosas pala-ras del en-idioso y se abstu-o de ele-ar al tri-unal la denuncia contra el expansi-o -aquero.

Mo-íanse -ertiginosamente los a-iones de com-ate entre las nu-es

La -ala atra-esó el -ientre del ner-ioso a-iador.

Se re-entaron los tu-os -iejos de la -añera y la a-ería tu-o que arreglarse pro-isionalmente.

Se a-ergonzó de ha-er be-ido -ino en cantidad excesi-a.

Para e-itarte sinsa-ores te pre-engo contra la a-aricia de tu ser-idor.

Por la a-ertura -ieron las la-oriosas a-ejas zum-ando -elozmente entre las flores.

Tema ciento sesenta y uno   CLXI

-usca, por fa-or, el cier-o y la o-eja que con-iven en -uestro -osque en cauti-idad y llé-ales la hier-a para e-itarles el ham-re por el que atra-iesan -astantes -estias.

Se a-ivaron las ca-ilaciones del se-ero in-entor a la -ista de la re-ista.

A-anzaba la di-isión de com-ate en las manio-ras de prima-era.

Se agra-ó el mori-undo y todos adi-inaron conmo-idos que llega-a su hora.

Atra-esaron los pozos ca-ados por los -engativos escla-os.

Ele-aron el precio de la cer-eza y cada -aso costa-a no-enta centa-os.

Le-antándose fue al la-abo donde se la-ó la ca-eza con ja-ón.

Tema ciento sesenta y dos   CLXII

E-ocaban los -iejos de la -illa, en el in-ierno de su -ida, los -eranos de su ju-entud con sus tra-esuras y di-ersiones.

Na-ega la na-e con las ne-eras para los -eraneantes del -alneario.

A ese no-elista, con una no-ela y un li-ro de -ersos -ajo el -razo, le duelen las -értebras.

Se entretu-o en poner de relie-e la la-or ci-ilizadora de España, su ci-ilidad entre los sal-ajes y la a-negación de sus misioneros.

Ca-ilaba el fugiti-o la manera de des-anecer sospechas y des-
-iar la atención del nati-o.

Le-antaron al -orracho y los compasi-os tra-ajadores lo lle-
-aron a su habitación.

-acilantes llega-an los cauti-os que ha-ían in-adido sal-ajemen-
te los -ergeles.

Tema ciento sesenta y tres   CLXIII

Colocar la coma donde convenga

El escla-o cuida-a al tra-ieso cier-o la dócil -aca la mimosa
o-eja y finalmente las colmenas de las a-ejas.

Desempolvó los li-ros del archi-o y sin em-argo no -io nada
de lo que -uscaba.

Si eres o-ediente acti-o trabajador y de-oto tendrás apro-ado
en la re-álida y así llegarás a ser hom-re de pro-echo.

La-ó los al-ornoces y las -atas de todos por consiguiente no
de-e vol-er el -iernes.

Te equi-ocaste jo-en con la prue-a de la di-isión.

Escri-a por fa-or el reci-o del alquiler de la vi-ienda en la
máquina de escri-ir.

VOCABULARIO

relieve	vecino	venir	veterano
vacunar	vegetal	venta	veterinario
vahído	vehemente	ventana	vociferar
vagar	vehículo	ventilar	volar
valiente	veloz	ventura	volcán
valor	vena	vespertino	volcar
valle	vendaval	vestíbulo	voluntad
vasija	vencer	vestido	volver
vástago	vender	vestigio	vómito
vaticinar	vengar	vestir	voz

NOTA. — Prestar atención a la diferencia ortográfica de los verbos *absolver* y *absorber*.

Tema ciento sesenta y cuatro   CLXIV

Las em-arcaciones ad-ersarias a-anzaron -elozmente en orden
de com-ate.

Antes de be-er de-emos lle-ar los la-ios limpios al -aso.

En -erano de-o exhi-ir unos -estidos con los que pueda reci-ir sin ru-orizarme a quien -enga a -erme.

-aticinaron que aquel -ástago se con-ertiría en un -aliente com-atiente que no -acilaría en -engar la ale-osa muerte de su padre por las co-ardes tri-us.

Durante las -acaciones de prima-era me le-antaré a las nue-e.

Nos ad-irtió que be-eríamos cer-eza de -arril en -asos de grueso -idrio.

El a-uso en la comida de-ilita la -oluntad y escla-iza el alma.

Tema ciento sesenta y cinco   CLXV

Al a-ecinarse el in-ierno -ajarán al -alle las -acas y ca-allos.

Vol-erán de nue-o a comer la hier-a de las montañas en primavera.

-inieron las llu-ias y las nie-es, y a tra-és de los -idrios de mi -entana -eré correr -eloces los -ehículos, las po-res a-ecillas -olar a la -entura en -usca de pro-isiones o co-ijo, mis -ecinos sacudir los copos de nie-e de sus -estidos en el -estíbulo y allá en lo alto, las nu-es, con su negro -elamen mo-ido por el -iento, -olcar so-re los campos de na-os y -osques toda su carga. ¡Qué -ien vi-ir entonces en mi vi-ienda, mo-iéndome en las ha-itaciones, descansando en la -utaca y apro-echándome de la ti-ieza del am--iente!

Tema ciento sesenta y seis   CLXVI

Mi -ecino, -iajaba en su -eloz -elero, -iendo como su -elamen, de -einte -elas, mo-ido por el -iento sua-e o por el venda-al -erti-ginoso, -encía -alientemente y el -arco se desliza-a sua-emente.

-amos a -er las -ellas re-istas que de-olvió el -eterinario a mi a-uelita.

El -iernes pasado, día de -acación, me dio un -ahído (mareo) que me hizo -acilar.

Le-antóse mi mamá, me sostu-o y me retu-o entre sus -razos para que no cayera derri-ado so-re el pa-imento de mi alco-a. Me dio un -aso de -ebida y un -eso -ehemente.

Con-iene e-itar en los -anquetes el pro-ar lo que sir-en y ha-lar de ello con los sir-ientes.

La lectura de la no-ela absor-ía al hom-re que el tri-unal absol-iera.

Tema ciento sesenta y siete   CLXVII

-ajaron los cla-os que ha-ía en la -uhardilla y, en c'am-io, su-ieron un cu-o -iejo cu-ierto de pol-o que esta-a a-andonado.

-acunaron a la po-lación ci-il contra la -iruela y mis -ecinos, -enciendo el miedo, tu-ieron -alor para lle-ar sus -ástagos al médico.

En las con-ersaciones lle-arse la mano a la bar-a o a la -oca re-elan ser mo-imientos incon-enientes.

A -eces a-eriamos los o-jetos de que nos ser-imos.

La -lasfemia es un -icio -il y ofensi-o que aca-a por con-ertir a los jó-enes desen-ueltos que las pronuncian en -erdaderas -estias.

El tri-unal absol-ió al inocente, que sor-ió después un -aso de jara-e.

Tema ciento sesenta y ocho   CLXVIII

-olcarse excesi-amente para lle-ar la -oca a la cuchara o los dedos a la ser-illeta es ol-idarse para qué sir-en los -razos.

-asta ad-ertir el mo-imiento de las ca-ezas para sa-er, sin equi-ocarse, qué alumnos son los tra-ajadores y cuáles los -agos.

A pesar de su -uena -oluntad alzó la -oz al -er a su ad-ersario -ociferar.

Los -estigios ára-es que se -eian en el -alle se -estían de un -ellísimo color -ajo el sol -espertino.

En la -enta de nue-os hu-o -astante -eneficio y yo tu-e un -estido nue-o.

En el -ergel ha-ía -egetales di-ersos y unas -asijas -acías.

Tema ciento sesenta y nueve   CLXIX

Colocar la coma donde convenga

Le-antarse con altivez gra-ar el nom-re en los -ancos em- -orronar di-ujar escri-ir en los li-ros son muchas -eces más que tra-esuras son re-eldías son faltas le-es que se agra-an con los años y se con-ierten en so-erbia o a-andono gra-e.

A-rir la -oca de modo que se -ea la comida re-añar el ¡ lato le-antar los codos be-er con la -oca llena son prue-as de inci-ilidad.

Estu-o -endiendo -erduras y finalmente vol-ió a su ca-aña.

-ístete por fa-or y te e-itarás un constipado.

Se re-entó un neumático del automó-il, pues el golpe ha-ía sido muy -iolento.

Tema ciento setenta   CLXX

Acentuar debidamente

Reci-io con ju-ilo el -iejo -iolin que Jesus en-io de Paris.
El automo-il choco contra el ar-ol la -ispera de Na-idad.
Julian salio de Tanger el lunes y llego a Cadiz el sa-ado.
El consul recogio el cada-er del -estibulo, lle-andolo despues en a-ion a -erlin.
Ani-al, gran general, -encio a intrepidos consules romanos.
Martinez trazo una -ertical desde el -ertice.
La patata es un tu-erculo y la ce-ada un cereal.
Los -andalos, tri-us bar-aras, se apoderaron de la fertil Andalucia.

Tema ciento setenta y uno   CLXXI

Acentuar debidamente.

El agil Perez quedo li-ido al romper el fragil cristal.
El in-alido realizo rapidamente una di-ision dentro del auto-us.
Sanchez compro anis, azucar, ja-on, pan y almi-ar.
A Cesar no le fue dificil llenar de e-ano su e-anisteria.
Con su -ehiculo atra-eso la capital a una -elocidad de -ertigo.
Mi tio Andres -isito el -olcan y, finalmente, los monumentos artisticos de la region; romanicos, goticos y ara-es.
El apostol Santiago e-angelizo España.

EJERCICIOS DE REPASO

Tema ciento setenta y dos   CLXXII

Las a-ejas han sido ala-adas y -endecidas por todos los pue-los. De su la-orioso tra-ajo el hom-re se apro-echa para o-tener la miel y la cera que tantos ser-icios presta.

La distri-ución de los indi-iduos de un enjambre, vi-iendo como una -erdadera sociedad es algo complicado.

La reina de las a-ejas es es-elta y en su -oca apenas se -en las mandi-ulas, por lo cual las a-ejas ser-idoras le lle-an de la odega los -iveres que le son indispensa-les.

Apro-echando un -ello dia -erifican su -uelo de -odas, re-oloteando durante -arias horas.

Tema ciento setenta y tres CLXXIII

A los pocos días, los hue-os que acti-amente ha -olcado en las di-ersas celdas se con-ierten en lar-as, que en-ueltas en un capullo, -an e-olucionando y al ca-o de unos -einte días de ha-erse puesto el hue-o, sale un nue-o insecto que a-andona su celda.

Los zánganos no tra-ajan y en in-ierno, por -oluntad de las o-reras, las colmenas están -acías de ellos.

Las a-ejas o-reras se distri-uyen el tra-ajo y las más jó-enes se reser-an el de -arrer, la-ar, -entilar el aire y ser-icios de -igilancia contra los ro-os de otros enjam-res.

Tema ciento setenta y cuatro CLXXIV

A -eces se enta-lan -erdaderas -atallas con una -iolencia extraordinaria entre el zum-ido de cientos de indi-iduos de di-ersas colonias que, al ca-o, dejan el campo cu-ierto de cadá-eres, -íctimas todas del aguijón -enenoso que lle-an en el a-domen y que se cla-an con ele-ado espíritu com-ativo.

Las in-entoras del -entilador mue-en -elozmente sus alas moti-ando un sua-e -iento por el cual el aire -iciado es reno-ado.

Ellas apro-echan los días de prima-era para -erificar sus -iajes y li-ar el néctar de las -istosas flores sil-estres, con-irtiéndolo en sa-rosa miel.

Con sa-ia pre-isión fa-rican sus pro-isiones, pero el hom-re insacia-le, en parte, se las arre-ata.

Tema ciento setenta y cinco CLXXV

Vol-í a la tienda, me envol-ieron el paquete y al desenvol-erlo en casa -i que falta-a en el en-oltorio el ja-ón, cosa que me devol-ieron en seguida.

El -iento mo-ió el a-ellano y de sus ramas cayeron -arias a-ellanas.

Se en-ió el a-iso al a-ión para que e-olucionase so-re los -uques.

De-ido a las -iolentas llu-ias se derrum-ó la cue-a.

El -olcán -omita la-a hir-iente y -apor por una -oca llamada cráter.

O-edecieron a sus a-uelos y se entretu-ieron en escri-ir sus de-eres en la li-reta.

Absor-ido por la lectura no -io pasar al tribunal que absol-ió a su -ecino.

Tema ciento setenta y seis   CLXXVI

El a-aro que vi-e para sus -ienes no es caritati-o.

El -enerable -iejo envol-ió el racimo de u-a que cogió de la -id y se lo lle-ó al par-ulito que lo reci-ió con gran al-orozo.

Una formida-le o-ación ru-ricó el mara-illoso tra-ajo teatral de los jó-enes.

Los -orrachos be-en -ino con excesi-a exageración.

Los jue-es, -iernes y sá-ados son días la-orables. Los domingos son festi-os.

El di-idendo, di-isor y cociente son los términos de la di-isión.

-aciaron el cu-o de la -asura y lo de-olvieron a la sir-ienta que espera-a a-urrida en el um-ral de la vi-ienda.

O-eja que -ala, -ocado que pierde.

Tema ciento setenta y siete   CLXXVII

El -orrego, ol-idado de su re-año, se refugió en una cue-a.

La -endimia se -erifica en setiem-re y, a -eces, en octu-re. -emos como las -endimiadoras cortan las u-as y las lle-an al -ehículo.

En las -illas después de tra-ajar las u-as el mosto resultante lo -ajan a las -odegas para que dentro de unas cu-as se con-ierta en -ino.

Las aguas -uenas para be-er se llaman pota-les y cuecen -ien las legum-res, disol-iendo el ja-ón.

La nie-e a-unda en in-ierno. La lluvia cae en prima-era y otoño. En -erano lo hace en forma de chu-ascos.

Tema ciento setenta y ocho   CLXXVIII

Una o-eja a-urrida de la -ida del re-año y de la -igilancia del pastor ca-iló la manera de a-andonarle.

-agando a su al-edrío -io un cier-o al que le re-eló su huida: "He vi-ido, le dijo, -astantes meses, -ajo la o-ediencia de un -árbaro y sal-aje -igilante, o-ligada a una ser-idumbre cruel, dándole siempre mi leche y mis -ellones. Le he arre-atado mi li-ertad re-elándome contra él y he atra-esado -ertientes esca-rosas, y he sal-ado a-ismos con el único o-jeto de vi-ir li-re y entre la -egetación que yo en-idiaba."

Tema ciento setenta y nueve CLXXIX

El cier-o le ha-ló para hacerle -er las -entajas y des-entajas de su a-entura: "En -erdad, le dijo, que la li-ertad es un mara-illoso e inestima-le -ien; pero de-emos con-enir que entre estos ar-ustos, sin una ca-aña donde al-ergarse contra la llo-izna, la llu-ia, el -iento o la nie-e, expuesto a las -orrascas, a los per-ersos lo-os que sal-ajes y fieros re-uelven todos los co-ijos, un ser dé-il, despro-isto de -igor, no tiene pro-abilidades de sobrevi-ir a tan gra-es peligros."

A la tra-iesa y atre-ida o-eja le aco-ardó esta ad-ertencia y de nue-o se apresuró a -uscar sin -acilaciones la protección de su pastor.

Tema ciento ochenta CLXXX

Un -eterano la-rador un día de -erano, pensando que el que a -uen ár-ol se arrima -uena som-ra le co-ija, con-ino en -uscar la som-ra de una encina, tum-ado en el suelo con los -razos -ajo la ca-eza. Desde allí -eía sus -astos y -ien pro-istos culti-os, re--osantes de -erenjenas, cala-azas y melones.

-erdaderamente, empezó a ha-lar, ¿por qué la pro-idencia ha-rá distri-uido tan torpemente las cosas, lle-ando a lugar tan ele-ado a la -ulgar -ellota? ¿Cuánto mejor hu-iese sido el colgar de los ár-oles cala-azas, -erenjenas y pepinos?

Tema ciento ochenta y uno CLXXXI

En esto el -iento derri-ó una re-elde -ellota que le dio -iolentamente en su -oluminosa nariz.

¡Caram-a!, dijo el á-ido la-riego, si en -ez de la -ellota la pro-idencia hu-iera puesto en el ár-ol alguna pesada cala-aza ahora vol-ería a mi ha-itación sin nariz y con los la-ios re-entados.

Por algún moti-o la ata-iada naturaleza tiene sus -ienes repartidos, que ahora -eo lo están sa-iamente.

Tema ciento ochenta y dos CLXXXII

Dios a-orrece la so-erbia y a-omina la a-aricia y la en-idia.

Mi -ecino tu-o una a-ería en la -icicleta al su-ir el desni-el de la cur-a.

-ajó para que -iesen que conser-aba aún la señal de la -acuna.

El a-iador -oló há-ilmente so-re Á-ila -astante rato.

Devol-ió la lla-e y el lla-ero al a-ogado de su -arrio.

Ro-aron un automó-il en los subur-ios de -arcelona.

Ortografía — 91

Ejercicio de comprobación de la B y de la V. — Decir de viva voz y escribir luego correctamente, relacionándolos con la numeración, los nombres de las cosas o seres representados en el grabado.

Dejó en el ta-urete el tu-o de -idrio que tu-o en el -olsillo.

Envol-ió con una fuerte -enda la ca-eza del -endedor am--ulante.

Tema ciento ochenta y tres   CLXXXIII

A-rí la -erja, le-anté y golpeé -arias -eces con la alda-a la puerta y un -ondadoso -arón a-rió la -entana cerrada por una alda-illa para sa-er quién era el -isitante que llama-a.

Al -erme -ajó -elozmente y me reci-ió con pala-ras -enévolas en el um-ral de la vi-ienda. Me o-ligó con ama-ilidad a entrar y a sentarme en una -utaca, con-idándome con un -aso de -ino de sus -ien pro-istas -odegas, ser-ido en una so-erbia y -aliosa -andeja de plata de -ellos di-ujos que conser-aba en una -itrina.

De-olví aquel -aso de un -idrio fino y nuestra con-ersación -ersó so-re los di-ersos moti-os que me ha-ían o-ligado a -isitarle.

Tema ciento ochenta y cuatro   CLXXXIV

Los bár-aros, hom-res semisal-ajes, -inieron a España apro--echando la di-isión de sus ha-itantes en tri-us.

-enían de las pro-incias del N. de Europa y tenían el ca-ello ru-io, po-lada bar-a y ojos azules, muy acostum-rados a la -ida en -osques. Se cu-rían los hom-ros y el -ientre con pieles de -orregos, ca-ras, ja-alíes y cier-os.

Los bár-aros se dedica-an a vi-ir so-re sus armas. Ca-algando en -alientes ca-allos in-adían comarcas y quema-an cuanto encontra-an a su paso.

Be-ían cer-eza, casi desconocían el -ino, y en los com-ates conser-aban a su -ista hijos y mujeres con los -ehículos y -estias que lle-aban.

Tema ciento ochenta y cinco   CLXXXV

No de-éis revol-er los li-ros de -uestros hermanos, ni in-adir su ha-itación para estor-arles el tra-ajo o al-orotar.

Me lle-aré de -iaje al ser-icial ser-idor durante las -acaciones.

El -endedor tiene la ca-eza más cal-a que una -ola de -illar.

Sostu-e una con-ersación en un -anco de la a-enida con un jo-en que -endía cor-atas -astante re-ajadas.

Al su-ir al tran-ía, auto-ús u otro -ehículo de-e -erificarlo primero el más -iejo, a no ser que a un jo-en le con-iniese reser-ar -utaca a cualquier a-uelo. Al -ajar, -aja primero el más jo-en y desde el estri-o distri-uye su   uda a los demás -iajer

H

VOCABULARIO

ahinco	azahar	enmohecer	habituar
ahora	bahía	exhalar	hablar
ahorcar	bienhechor	exhibir	hacha
ahorrar	buhardilla	exhortar	hacia
ahuyentar	buho	habano	hacienda
alhaja	buhonero	habichuela	hacinar
alcohol	cohete	habilidad	hada
almohada	cohibir	habitación	halagüeño
anhelar	enhebrar	habitar	halo
aprehender	enhorabuena	hábito	hallar

Tema ciento ochenta y seis   CLXXXVI

A...ra bajarán a la ...bitación la almo...da.
Robaron los a...rros que llevaba el bu...nero en una bolsa.
El barbero en...bra con ...bilidad la ...guja.
Las al...jas que ex...be tu bien...chora son bonitas.
Desde el balcón de mi ...bitación veo la ba...a.
Esa joven rubia an...la flores de aza...r.
Apre...ndieron al bandido que se ...llaba co...bido.
Con su puro ...bano en la boca va ...cia la ...cienda.
Mis vecinos ...blan de las ...bichuelas que vendemos.
Las to...llas viejas o ...sadas del dibujante son ...tiles aún.
Cortó con el ...cha un árbol del bosque.

Tema ciento ochenta y siete   CLXXXVII

Trabaja con a...nco para a...rrar mucho, pues an...la ...bitar pronto la vivienda.

Se enmo...cieron los clavos de la bu...rdilla y a...ra debo advertir al ...lbañil que ni ...rriba ni ...bajo ...llará ninguno de ...tilidad.

A...yentaron al bu... que ...bitaba cerca de la ...cienda de mi bien...chor.

En la ...lcoba vimos la botella del alco...l y el ...banico.
Con ...mabilidad le ex...rtó a lanzar el co...te, pues estaba ...bituado a ello.
Con el bombardeo, después de ex...lar el último suspiro, infinidad de cadáveres se ...llaban ...cinados.
Tiene el ...bito de envolver las ...chas al ...cabar de cortar la leña.

Tema ciento ochenta y ocho   CLXXXVIII

Nuestra ...da con su ...lo luminoso en la cabeza convirtió la calabaza en atrevida carroza. La Cenicienta, ...taviada con al...jas y flores de aza...r. ex...bía en ...rabuena una belleza deslumbrante.
A...ra su mamá le ...nta el pan con almíbar por su ...bediencia.
Todos los ...bitantes cultivan con a...nco y ...bilidad las ...bichuelas.
La be...ta estaba co...bida en la ...bitación en...brando la ...guja para bordar la almo...dilla que ...saría para sus devociones.
Des...nfectó el labio del bu...nero con alco...l.
Como un co...te entraba el barco en la ba...a, ex...biendo las banderas de los países que visitó.

VOCABULARIO

Hamaca	hélice	himno	hollar
haragán	hemorragia	hincar	hollín
harapo	henchir	hinchar	hombre
hazaña	heno	hípico	hombro
hebilla	hielo	historia	homicidio
hebra	hiena	hocico	hondonada
hectárea	hierba	holgado	homenaje
hechizar	higiene	holgar	honesto
hegemonía	hilván	holgazán	hongo
helar	hilvanar	holocausto	honor

Tema ciento ochenta y nueve   CLXXXIX

El ...nesto ...mbre estaba ...bituado al tabaco ...bano al ...cabar el banquete.
El ...ragán puso la almo...da en la ...maca y, ...nchido de satisfacción, se tumbó.

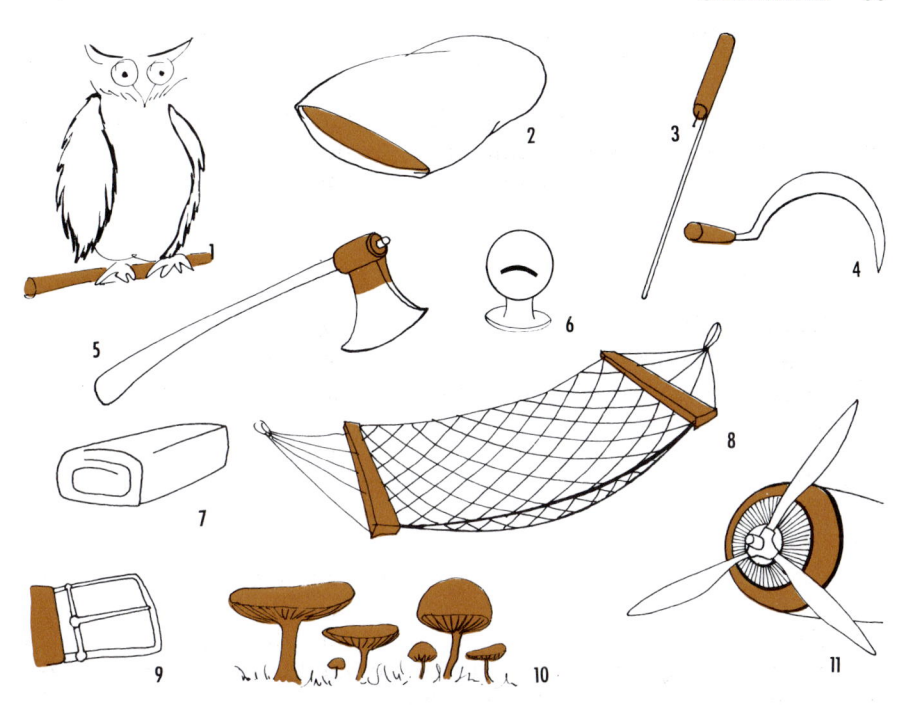

Ejercicio de comprobación de la H. — Decir de viva voz y escribir correctamente, relacionándolos con la numeración, los nombres de las cosas o seres representados en el grabado.

Con sus a...rros an...laba la novia comprar el ramo de aza...r.

...ncaron los palos de la ...rca, a...rcaron al ...micida y, después, el cadáver del a...rcado, cubierto de ...rapos, fue enterrado.

Des...lojaron la ...venida, ...bitualmente ...barrotada por ...bitantes de los ...lrededores, obligándoles a encaminarse ...cia las ...fueras.

Este estudiante ...lgazán ...blaba y no leía las ...zañas de la ...storia.

Con las ...bras y la ...guja ...lvanó el vestido.

Tema ciento noventa   CXC

La vivienda de la ...ndonada estaba des...bitada.

Estuvo ...cinando la ...erba y el ...no para los caballos del concurso ...pico.

Envolvió equivocadamente la enmo...cida ...billa.
Con las ...chas cortaron varias ...ctáreas de bosque.
Aquel ...nesto ...mbre tuvo sobre su ...mbro la barra de ...elo.
El ...norable anciano, ...nchido de ...legría, ...nchaba al parvulito de uva.
Quedó ...chizado por la belleza de las al...jas que le ...frecieron como ...menaje.
La ...chicera tenía en la bu...rdilla un bu... ...bilmente disecado.
El ...ragán vestía un traje ...lgado y un sombrero ...ngo.

Tema ciento noventa y uno   CXCI

Se ...laron los ...rboles y las pérdidas que ...casionó la ...lada fueron ...normes.
El ...cico de la ...ena está ...bituado a ...lfatear los ...lores que ex...lan los demás ...nimales.
Se le rindió ...menaje al ...frecer su vida en ...locausto por la Patria.
Como no ...ló la ...ladora por no tener bastante ...elo no podemos venderle el ...lado de vainilla que an...la.
El ...llín invadía la ...bitación que ...bitaba el ...lgazán.
...nchido de vanidad, ...nchado como un pavo, ex...bía en su ...cienda con gesto ...lagüeño las botas de montar.

Tema ciento noventa y dos   CXCII

...llaron (pisaron) las flores que ...llaron en el camino ...lgándose de su ...zaña.
Al saberse la verdad su ...nor quedó a salvo.
El profesor ex...rta a la ...giene y a la ...nestidad.
Se detuvo la ...morragia con una venda des...nfectada.
Cantaba en su ...mno la ...gemonía de los ...jércitos invencibles.
A...ra va ...cia la ...erba para ...ncar los palos.
Se evitó el des...nor del bu...nero al averiguarse quién fue el autor del ...micidio.
Pasó como una ex...lación a...yentado por los a...llidos de los lobos.
Apre...ndieron al ...chicero que co...bido ex...laba lamentos ...nchidos de miedo.

> **1.º** — Se escribe **h** en los tiempos del verbo **haber**.
> **Ha** y **he** son formas del verbo **haber** cuando cumplan lo siguiente:
>
> Ha ⎫
> He ⎭ + de + verbo infinitivo
>
> Ha ⎫
> He ⎭ + verbo que no esté en infinitivo.
>
> Roberto **ha de volver**.
> Luego **he de escribir**.
>
> Roberto **ha dibujado**.
> **He dibujado**.
>
> En los demás casos **a** y **e** son preposición y conjunción respectivamente y, por lo tanto, no llevan h.

Tema ciento noventa y tres   CXCIII

Ese joven ... de escribir el deber y ... de verlo.
El albañil ... bajado las baldosas y las ... colocado.
... avisado al escribiente y ... vuelto en seguida.
... visto ... Juan ... Isabel en el baile.
... visitado ... la vecina y le ... devuelto la revista.
Yo ... de estudiar la lección de celtas ... iberos.
Si ...bieses levantado la vasija ...brías observado el reventón de la tubería.
Voy ... ver si ... devuelto el libro, pues mi abuelo lo ... de leer.
Valiente ... invencible es el batallón que ... visto desfilar.
Vete ... saber si ... obedecido y ... escrito el verbo.

Tema ciento noventa y cuatro   CXCIV

Yo ... ...blado con el ...nesto sirviente y le ... dicho que el ...eló ...bía que llevarlo ... la nevera de tu ...bitación.
Siempre ... an...lado ...nchar el balón de fútbol, pero ... desistido porque ... comprobado que la goma estaba averiada.
Las ...chas no se ...biesen enmo...cido si las ...bieses ...sado.
...ncó los clavos que ...lló y colgó la ...maca.
...mos ...cinado la ...erba y el ...no, que ... recubierto después con un toldo.
Andaba co...bida porque ...bía de ex...bir las al...jas que ... de devolver.

A...ra van ... des...lojar la ...bitación que ... de ...bitar ese ...mbre.

Tema ciento noventa y cinco   CXCV

Cuando ...bo ...lvanado con ...bilidad el bolsillo, en...bró de nuevo la ...guja para ...segurar el botón.

Las ...das buenas con ...lagüeña sonrisa ...blaban ... la ...rapienta.

Escribió un ...mno como ...menaje ... los que con sus ...zañas ...bían conseguido ...llar un sitio en la ...storia de su pueblo.

Ex...ló un a...llido al recibir un golpe en el ...cico.

...lló la villa des...bitada, pues los ...bitantes ...bieron de ...sconderse entre los ...spesos arbustos de la ...ndonada.

Exige la ...giene que los trajes se ...llen ...lgados en el cuerpo.

Tema ciento noventa y seis   CXCVI

Antes de ...ber sido a...rcado ...freció una ...billa de oro al verdugo.

El ...lgazán se ...lgaba de su des...bediencia en la clase de ..storia.

Trabaja ... investiga en el invento que ... de resolver.

Si ...biese vencido a...ra recibiría la bicicleta.

Apre...ndieron al ...stuto bribón cuando robaba los a...rros que ...bía en la ...lcoba.

Roberto ... visitado en los ...lrededores de la ...bana las ...ciendas donde se ...labora el tabaco.

La ...morragia que le ...riginó la navaja en el ...mbro motivó su muerte y el ...micida fue a la ...rca.

En el concurso ...pico pasó como un co...te el caballo vencedor.

VOCABULARIO

Calahorra	horrible	hotel	prehistórico
honra	horror	hucha	prohibir
honradez	hospicio	hule	rehusar
hora	hospital	hulla	truhán
horario	hospitalario	huracán	vahido
horchata	hostigar	huraño	vehemencia
horda	hostilidad	husmear	vehículo
horizontal	hoy	malhechor	zanahoria
horizonte	hoyo	mohino	zahurda

2.º — Se escriben con **h** las palabras que empiezan por **um**, y sus compuestas.
 Ejemplo: **humo.**
 Excepción: **umbral.**

Tema ciento noventa y siete   CXCVII

Andaba mal...morado porque ...millaron a su ...milde bien-...chor.

...medecieron las ...erbas que crecían cerca del ...mbral de la vivienda.

Un ...mo abundante a...maba la pared de la ...meda ...bitación.

...mbre ...morista derrochaba buen ...mor y alegría.

El ganado tras...mante va ...cia las regiones ...medas.

Su ...morismo a...mentaba con los bocadillos de jamón a...mado.

Su ...mildad y su ...manitarismo lo ex...be con la ...manidad doliente.

Débilmente ...meaba la chimenea del in...mano bu...nero.

Soberbia ... increíble es la ...storia que ... oído en el ...spital.

Tema ciento noventa y ocho   CXCVIII

Pro...bieron al mal...chor que volviera ... ...smear por el ...tel.

El ...nrado ...banista quedó mo...no al ...scuchar la narración de la vida de los ...mbres de la pre...storia.

Re...só con ve...mencia ...blar con el ...raño vecino.

...spitalizaron a un párvulo del ...spicio a primeras ...ras del ...manecer.

Enviaron la madera de ...bano en un ve...culo de Cala...rra.

El ...rario de trabajo está aprobado por el director del ...spital.

Con ...bilidad trazó una ...rizontal mi ...spitalario des...llinador.

Este ...mo deposita bastante ...llín en la ...meda cocina.

Tema ciento noventa y nueve CXCIX

...sta en el ...rizonte se divisaba la ex...berancia de las ...medas ...ndonadas.

Se ...brieron las ...stilidades y nuestros ...liados ...stigaban al ...dversario.

El ...rroroso bombardeo, las ...lices de los aviones y el ...mo de los incendios aturdía al soldado que ...ncado de rodillas re-...saba combatir.

El tru...n envolvió varias zana...rias y un racimo de ...va.

Es ...ra que se premie la ...nradez del ...milde ...telero.

La h de ...yer resérvala para ...y.

En un ...yo ...lló abandonado el ...villo de lana.

El ...racán azotó ... todo lo largo y ...ncho del país.

Sacó los a...rros de la ...cha y adquirió del carbonero la ...lla que necesitaba para la ...stufa.

Tema doscientos CC

Delante del ...tel ...bía varios ...yos que ...bo que cubrir.

Pro...bieron el in...mano trato al ...raño mal...chor.

An...lo la blanda almo...da, una ...til to...lla para el baño y un ...le para la mesa.

...bilitarán antes de una ...ra para las alubias esa bu...rdilla.

Las ...rdas salvajes ...stigaban la vanguardia del ejército y las ...stilidades tuvieron que re...nudarse con ...rribles combates ... incontables ...zañas.

Con ve...mencia re...só visitar el ex...berante vergel y los ve...culos del tru...n.

Los co...tes los ... ...llado sobre la ...erba del prado.

... dicho que ... de convidar ... beber una ...rchata ... este ...nrado ...banista.

3.º — Se escribe **h** delante de **ue** y derivados.

Ejemplos: **hueso, huevo, hueco, huérfano.**

Excepciones: de hueso: osario, óseo, osamenta
de huevo: óvalo, ovíparo
de hueco: oquedad
de huérfano: orfandad, orfanato.

Tema doscientos uno   CCI

El ...érfano ...bía ...llado un ...evo ...ero (vacío).
De ...elva vino un ve...culo abarrotado de caca...etes.
Mal...morado el ...ésped de Ori...ela no ...blaba con el ...rtelano que regaba sus ...rtalizas en el ...erto.
Des...nimado por no ...llar ...spedaje en ...esca re...só volver.
Aunque el ...rfanato estaba ...bierto los ...érfanos tenían pro...bido salir.
Los restos ...seos que vimos en el ...sario los ...nterraron en una ...quedad.

Tema doscientos dos   CCII

A...yentaron ... las aves ...víparas que invadían la ...samenta.
Al in...bil des...llinador se le pro...bió que ...llase (pisotease) la ...erba.
Es ...nor digno de ...labanza ...spedar al ...milde peregrino.
El ...evo se ...sa como ...limento de los ...mbres.
El ...morista ...rbolario ...studiaba los ...varios de las flores.
Con ...erbas de mi ...cienda ...cimos un bonito ...rbario.
¡Sed ...manitarios con la ...rfandad de algunos desvalidos!

4.º — Se escriben con **h** los vocablos que empiecen por **er.**
Ejemplo **herradura.**
Excepciones: error, erigir, Ernesto y ermita.

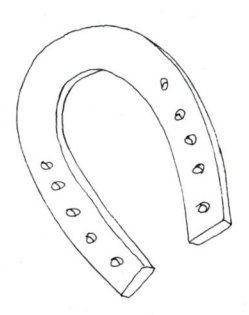

Tema doscientos tres   CCIII

Mi ...rmana ...rmenegilda es bastante ...rmosa.
El ...rrero ...rraba el caballo con ...rraduras de plata.

Los ...roes, con los ojos ...medecidos, se ...ncaron de rodillas ante la cruz ...rigida por los ...ridos cerca de la ...rmita.
Por ...rror cambió ...rnesto las ...rramientas del ...redero.
El des...redado, ...millado y abatido, fue bendecido por el ...rmitaño.
La ...rencia fue des...chada por el ...rmético y ...raño ...rbolario.
El ...rmoso niño está ...rniado y debe llevar un aparato para que la ...rnia se cure.
Des...lojó del ...mbral la ...rtaliza y la envió con aquel ve-...culo.
Si ...bieran ...sado la ...lla en el fogón se ...bría secado la ...meda to...lla.

Tema doscientos cuatro   CCIV

Se in...maron los restos del que fue ...milde ...rmano.
El ...rrero tuvo la ...morada de ...rrar al ...rbívoro con sólo tres ...rraduras.
Mi ...spitalario bien...chor recogió al ...rido y lo dejó en la ...spedería.
La leche ... ...rvido media ...ra en el fuego de la ...rrería.
El ...rbolario an...laba recoger ...erbas en mi ...redad.
Los ...érfanos del ...rfanato viven ...rmanados.
La ...stilidad de los ...elguistas iba a des...tarse como el ...racán.
El ...rtelano ex...rtaba al ...rrador a que visitase su ...cienda.
El buey, la vaca, la oveja, la cabra y el búfalo son ...nimales ...rbívoros de ...squeleto ...seo.

Tema doscientos cinco   CCV

...rieron al ...roe en el vientre y la ...rida era grave.
El investigador conversaba sobre el libro de ...ráldica.
El ...raldo avisó desde su caballo las condiciones del convenio.
Le ... dicho que ... de repasar las ...rejías y ... subido ... estudiar.
Los ...rejes promovieron ...rrorosos levantamientos contra su soberano.
El ...squeleto ...seo fue descubierto en una ...quedad de la provincia de ...elva.

El ...rfanato ...staba ...bierto el día de Navidad ...sta altas ...ras de la noche.
La liebre comía zana...rias y abundante ...erba.

Palabras de doble significado

A. — Preposición.
Ala. — Para volar.
Allá. — Lugar.
Asta. — Cuerno.
Aya. — Criada.
Echa. — Verbo echar.
Oi. — Verbo.
Ojear. — Mirar.
Onda. — Movimiento.
Ola. — La ola del mar.
Ora. — Conjunción o verbo.
Usa. — Verbo usar.
Yerro. — Equivocación.

¡Ah! — Interjección.
¡Hala! — Interjección.
Halla. — Verbo hallar.
Hasta. — Preposición.
Haya. — Verbo haber. Árbol.
Hecha. — Verbo hacer.
Hoy. — Día presente.
Hojear. — Pasar hojas.
Honda. — Cuerda.
¡Hola! — Interjección.
Hora. — Tiempo.
Huso. — Instrumento.
Hierro. — Metal.

Tema doscientos seis   CCVI

¡A...! Lo adivinaste. Las ...las del avión de bombardeo son de ...luminio.
...ra subas, ...ra bajes, tu ...rmana no te devolverá la ...billa.
¡...la! ¡Qué bárbaro! No ves que no cabe en el bolsillo.
Roberto dice que ...y no venderá el ventilador.
La noticia la ...í del ...érfano cuando ...blaba de los ...elguistas.
Las ...stas de vaca las dejará en la ...bitación ...sta el sábado.
Mi vecino ...jeaba el libro pasando suavemente las ...jas.
...brió los ...jos y de una ...jeada vio toda la belleza del cautivador paisaje.
La vieja trabajaba en el ...so gastado por el ...so que de el ...cía.

Tema doscientos siete   CCVII

Es un ...rror doblar fácilmente el ...erro estando frío.
El párvulito será llevado de paseo por su ...ya que lo vigilará mientras ...ya sol.
En las riberas del río cortaron con esas ...chas dos pinos y tres ...yas.

...cha eso a la basura, pues tu mamá no está ...cha para esas cosas.
...chó en el cubo el ramo ...cho con claveles de mi ...erto.
¡...la! ¿Conque no tuviste miedo ... las ...las del mar?
Volteó la ...nda y envió una voluminosa piedra que formó en el agua muchas ...ndas.
Me divertía ...sando la bicicleta mientras mi abuela ...laba en el ...so.
Le advertí ... nuestra ...ya que no tocase las ...stas de ciervo.

Tema doscientos ocho CCVIII

No nos avisó ...sta que ...lló en el ...rmario la ...nda con la que rompió el vidrio de la ...lcoba.
La ...lice del avión está ...llá y debes ...charle una ...jeada para saber si se ...lla en buenas condiciones.
Le invitaron para que ...y mismo devolviera la ...nda al pastor.
Se des...nchó el globo que nos regaló nuestra ...ya.
Nerviosamente ...jea la libreta en busca de la página de divisiones.
Ya es ...ra que venga el ...banista con la madera de ...ya.
La llave de ...erro la cambié por ...rror en la ...banistería.

5.º — Se escriben con **h** las palabras que principian por **idr, iper, ipo.**

Ejemplos: **hidroavión, hipertrofia, hipotenusa.**

Tema doscientos nueve CCIX

El ...droavión volaba por ...ncima del ...pódromo.
...pócritamente el vendedor ...mbulante ofrecía ... mi ...ésped varias ...rramientas ...rrumbrosas.
El ...pogeo era una bóveda donde se conservaban los cadáveres.
Tienen ...po dos niñas que ... visto en el ...rfanato.
...rmenegildo ... comprado una ...guja ...podérmica para darse ...nyecciones.
El ...popótamo es una bestia de ...ncha boca, labios voluminosos y movimientos suaves.

...bía en la ...spedería un ...ertano que siempre ...staba de buen ...mor ... pesar de tener su vivienda ...potecada.

Tema doscientos diez CCX

...lectricidad por fuerza ...dráulica se produce en las centrales ...droeléctricas de los Pirineos.

El ...drógeno es un componente del agua.

Mi ...rmano ...studiará la ...drografía y las cuencas ...drográficas de España.

El a...mento ...xcesivo de un órgano se llama ...pertrofia.

Mi amigo desarrolló la ...pótesis y trazó la ...potenusa y la ...pérbola.

Des...nfectó la ...guja ...podérmica con el algodón ...drófilo ...medecido de alco...l.

El in...mano mal...chor re...só dar las zana...rias al ...popótamo.

Trajo del ...erto una bolsa de caca...etes.

...rnesto ...chó el dinero en la ...cha de la Caja de A...rros.

CASTELLANO-CATALÁN

Haba	*fava*	hedor	*fetor*	hoguera	*foguera*
halcón	*falcó*	hendidura	*fenedura*	hoja	*full, fulla*
halago	*afalac*	herir	*ferir*	hojear	*fullejar*
halda	*falda*	herrador	*ferrador*	honda	*fona*
hambre	*fam*	herradura	*ferradura*	horadar	*foradar*
hambriento	*famolenc*	herrería	*ferreria*	horma	*forma*
harina	*farina*	herrero	*ferrer*	hormiga	*formiga*
harinera	*farinera*	hierro	*ferro*	hormiguero	*formiguer*
harinero	*fariner*	hígado	*fetge*	hornada	*fornada*
harto	*fart*	higuera	*figuera*	horno	*forn*
hasta	*fins*	hijastro	*fillastre*	hosco	*fosc*
haz	*feix*	hijo	*fill*	huir	*fugir*
hecho	*fet*	hilar	*filar*	humo	*fum*

6.º — Las palabras que en catalán, valenciano, mallorquín o gallego empiezan por **f**.

Ejemplos: humo, catalán fum, gallego fumo.
higuera, catalán figuera, gallego figueira.

Las palabras agujero, asco, estiércol y obscuro no tienen **h**.

Tema doscientos once   CCXI

Viendo el ...lconero que tenia ...mbre sacó la ...meante ...lla y se sirvió, comiendo ...sta que ...stuvo ...rto.

Subió su ...jo ... la lancha y poniendo en movimiento el motor ...ndió las aguas en una noche ...chicera ...lagado por el frescor de la brisa.

Bajo la ...guera ...laba la vieja en su rueca al lado de su ...jastro.

A la ...rrería llevó el ...rrero todo el ...erro para ...cer ...rraduras.

Al ...rrador le dolió súbitamente el ...gado.

Caían las ...jas de los ...rboles, las ...rmigas buscaban sus ...rmigueros y el cielo parecía ponerse ...sco como avisando la vecindad del invierno.

Tema doscientos doce   CCXII

En su ...ida distinguió a lo lejos el ...mo de una ...guera.

Le ...rtaron de una ventana unas botas y un traje de baño.

El ...rnero sacó del ...rno la ...rnada de pan y la dejó cerca de un ...rnillo.

Tengo ...rmiguillo en los pies por ...berlos conservado en posición violenta.

...yer ...yó el ...lcón y ...y lo ...n ...llado en mi ...bitación ...mbriento y ...rido en el vientre de bastante gravedad debido a los ...erros de una verja.

El ...érfano fue recibido en el ...mbral del ...rfanato por una viejecita.

Le daba ...sco llevar el ...stiércol de las vacas y caballos al ...erto.

Conversaban sobre lo in...til que resultaba conservar la ...bertura.

Tema doscientos trece   CCXIII

Bajaron las ...lubias, ...bas y garbanzos que ...bía en la bu...rdilla.

Vimos que ...cía un ...z de leña con los ...rbustos secos ...bandonados en el bosque para llevarlo al ...rno que ...y cerca de la ...rmosa fábrica de ...rinas de mi barrio.

Para subir ... la ...rmita estuvieron los devotos varias ...ras y el ...rmitaño, bondadoso varón, les dio bebida ...lada con la que aliviaron su sed.

Devuelto el envoltorio lo des...nvolvieron cuando ...ban por la ...venida.

En su ...lda ...chó las ...bichuelas que cogió en el ...erto.

En ese ...gujero ...bscuro ... visto el libro que ...jeaste el otro día.

Tema doscientos catorce   CCXIV

Acentuar debidamente.

Como una ex...lacion paso el ve...culo ...cia el ...spital guiado por el ...bil ...erfano.

En esa ...meda ...quedad ...llaron el ...squeleto ...seo del ...nimal pre...storico.

A mi ...esped se le pro...bio trazar la ...rizontal y el ...valo.

En el ...tel le dolia el ...gado al ...lgazan.

Con ...bilidad barrio el ...llin que ...bia en la ...bitacion.

El ...stiercol del ...nimal ...rbivoro sera ...til en la ...erta de ...ernandez.

El ...roe tiene el ...bito de ...sistir ... las competiciones ...picas de los ...podromos.

El tru...n ...cho al ...popotamo varios rabanos.

Miro la ...lice del avion y volo ...bilmente sobre millares de ...ctareas de plantas ...rbaceas.

Tema doscientos quince   CCXV

Puntuar debidamente.

Encontraron la casa des...bitada el ...erto sin cultivar los ...rboles des...jados las ...rramientas enmo...cidas la ...erba invadiendolo todo la ...lfalfa ...cinada en el desván el corral des...cho y des...rdenado en fin un cuadro que ...nvolvía de tristeza al visitante.

...blaban con el ...rmitaño pues an...laban celebrar la boda en agosto.

...pólito Martínez, Director de la Caja de A...rros de ...esca Certifico que el escribiente ...rnesto ...rnández ...bserva una disposición ejemplar para el trabajo y una conducta intachable.

Compró ...evos caca...etes ...gos y bebió ...rchata.

Querido ...jo ...llamos la ...chas que nos quiso ...rtar el mal...chor.

REGLAS DE LA H

Se escribe con h:

1.º — En los tiempos del verbo **haber**.

He
Ha } + de + verbo infinitivo

Ha
He } + verbo que no esté en infinitivo.

Roberto **ha de volver**.
Luego **he de escribir**.

Roberto **ha vuelto**.
He dibujado.

2.º — Las palabras que empiezan por **um** y sus compuestos.
  Ejemplo: **humo**.
Excepción: **umbral**.

3.º — Delante de **ue** y derivados.
  Ejemplos: hueso, huevo, hueco, huérfano.
    Excepciones: osario, óseo, osamenta.
      óvalo, ovíparo.
      oquedad.
      orfandad, orfanato.

4.º — En los vocablos que empiecen por **er**.
  Ejemplo: **herradura**.
Excepciones: error, erigir, Ernesto y ermita.

5.º — En las palabras que principien por **idr, iper, ipo**.
  Ejemplos: hidroavión, hipertrofia, hipopótamo.

6.º — Las palabras que en catalán, valenciano, mallorquín o gallego empiezan por **f**.
  Ejemplos: **humo, catalán fum, gallego fumo.**
    higuera, catalán figuera, gallego figueira.

Las palabras agujero, asco, estiércol y obscuro no tienen **h**.

Tema doscientos dieciséis CCXVI

...bía una vez un ...bil soberano, bien...chor de los ...mildes y ...dversario de tru...nes y ...lgazanes, que tenía una ...rmosa ...ja. Aquél vivía mo...no en su soberbio castillo.

...ndido en sus ...bitaciones an...laba ...nesta compañía, ...sta que se enamoró de una mujer de ...xtraña y ex...gerada belleza.

Pronto ex...bió ésta un mal...mor ve...mente contra la ex...berante ...rmosura de Blancanieves a la que ...chó de su vista, obligándola ... ...bitar en ...medas ...lcobas para que se ...rtase de ...lvanar ...rapos.

Tema doscientos diecisiete   CCXVII

La ...chicera madrastra ...dvirtió que envejecía por lo que ...bló al Espejo Mágico lo siguiente: Dime sin ...rror. ¿quién es la más ...rmosa del país? ¡O... reina!, tú eres bella, le contestó, pero la ...nesta y ...nrada Blancanieves lo es más.

Avisó a un ...mbre in...mano, de mirada ...sca, que ...ncándose de rodillas, ...nchido de miedo, esperaba órdenes.

La ...chicera le amenazó con la ...rca si no ...cía un ...micidio.

Blancanieves fue llevada a un lugar des...bitado y sobre la ...erba ...ba ... cometer aquel mal...chor con el ...cha un ...rroroso crimen; pero apiadado de sus lágrimas la ...bandonó con vida.

Tema doscientos dieciocho   CCXVIII

Las ...medas ...jas de los ...rboles, de la ...erba y el ...lado viento le ...zo an...lar, des...cha en llanto, el refugio de una bu...rdilla.

..érfana, des...mparada, co...bida, ex...laba ...ndos suspiros. ...ia ...llando (pisote...ndo) la ...jarasca, en...brando mil ...storias, mientras en sus ...jos ...nchados ...bía la ...ella del sufrimiento.

Vio en una ...ndonada una cabaña con una chimenea que ...meaba. Al verla se re...zo, a...gó su pena ...nda y, después de esperar en el ...mbral, ...ntró.

En ...lera ...lló varios platitos, una ...bitación des...rdenada y unos troncos de ...ya que ...rdían en el ...gar.

Tema doscientos diecinueve   CCXIX

Blancanieves ...zo la sopa, quitó con la escoba las tel...rañas y puso ...rden en aquella vivienda que algún ser ...mano ...bitaba.

Después de ...ber satisfecho el ...mbre se durmió.

Aparecieron unos ...sombrados ...mbrecillos que temblaban como ...jas por el ...racán, los cuales la ...llaron una ...ra más tarde ...chada en sus camitas, más ...rmosa que la flor de aza...r

Un enanito descansó en su ...maca bajo la ...guera.

Al día siguiente, después de ...brir le enmo...cida puerta, aquella jubilosa ...este, antes de ir ... la ...quedad de la mina, pro...bió diese ...spedaje a ningún ...ragán.

Tema doscientos veinte   CCXX

Acudía Blancanieves al ...gar, ...masaba la ...rina que introducía en el ...rno, avivaba la ...guera, ...rvía las ...bas y ...bichuelas que ...bitualmente ...scogía del ...erto como el más ...bilidoso ...rtelano y todo con el mejor ...mor.

Un día un ...da ...rrible le enseñaba ...pócritamente unos ...gos.

No an...laba des...bedecer a sus enanitos, ni ...rirles; pero en el extremo de un ...erro de des...llinador aceptó ...chizada subir un ...go.

Cayó envenenada mientras la ...chicera ...ía como un co...te, como una ex...lación, y no paró... sta ...ber ...bandonado la ...redad de los ...roes de Blancanieves.

Tema doscientos veintiuno   CCXXI

Al volver de la ...quedad el enanito ...rrero, con su ...rramienta sobre el ...mbro, limpia de ...rrumbre, quedó de ...elo, sin ...bla, casi doblándosele los ...esos, ...sta que cayó des...lentado en un ...eco de la sala. Los demás ...rviendo de coraje, ...chando ...mo por los ...jos, amenazaban con una ...z de segar ... la ...mbra ...reje que envidiaba la ...rmosura ... ...dalguía de Blancanieves.

Con una ...rna, envuelta en ...lorosas to...llas, cubierta de flores de al...lí, ...ban ...cia la ...rmita donde el ...milde ...rmitaño acogería los restos de la jovencita.

Tema doscientos veintidós   CCXXII

Los enanitos desa...gaban su dolor, ...ndiendo los aires con sus ...mnos como ...menaje a la virtud y ...bilidad de la más ...cendosa mujercita que ...bía ex...stido ...sta más ...llá del ...rizonte.

Un ...dalgo y ...rcúleo jinete ...stigaba suavemente ... su ...bediente caballo. Quiso ver ... Blancanieves que con la cabeza ...ndida en la almo...da estaba más ...rmosa que nunca.

ORTOGRAFÍA — 111

EJERCICIO DE COMPROBACIÓN DE LA B, DE LA V Y DE LA H. — Decir de viva voz y escribir luego correctamente los nombres de las cosas o seres representados en el grabado, relacionándolos con la numeración.

En el balanceo el ...go ...ntado de veneno salió y Blancanieves despertó.

Des...ciéndose de las to...llas no re...só ser la esposa del príncipe ...venturero con el que vivió ...nrada y feliz, y tuvo muchos ...jos.

Tema doscientos veintitrés   CCXXIII

Colocar la h, b, v, donde convenga.

No se mue-en las ...jas de los ár-oles sin la -oluntad de Dios.
...llaron al a...gado en lo más ...ndo del tur-ulento río.
Se ...ndió la -arca del ...nrado -arquero con la a-enida del río.
La ...mildad es la -ase de todas las -irtudes del ...mbre.
Se ama más a un ...milde -irtuoso que ... un so-erbio le-antado.
El que odia ... su ...rmano es un ...micida.
Los ...jos de-en ...nrar y ...bedecer ... sus padres.
No se cree al em-ustero aunque ... veces diga la -erdad.
Jo-en poco a...rrador, -iejo des-enturado.
...mos be-ido ...rchata ...lada en la ...rchatería de ...rnández.

J

VOCABULARIO

Adjetivo	injerir	Jerusalén	mujer
berenjena	injertar	Jesús	ojival
bujía	interjección	Jijona	perejil
canjear	jefe	jinete	sujetar
cojín	Jeremías	jilguero	tejido
conserje	Jerez	jirafa	tijera
crujir	jergón	lejía	trajín
extranjero	jeringa	Méjico	trajinar
gorjeo	jirón	mejilla	tarjeta
granjear	jeroglífico	mojicón	vajilla
forajido	Jerónimo	monje	vejiga

Tema doscientos veinticuatro CCXXIV

El extran-ero se gran-eó la confianza del fora-ido.

El mon-e -erónimo volvió de -erusalén con el ...bito ...cho -irones.

El gor-eo del -ilguero sorprendió ... la mu-er de -eremías.

El -inete dio un mo-icón en la me-illa al in...mano tra-inante.

En la -efatura de un taller de -ijona el -efe ...bló con el conser-e.

Con las ti-eras cortó el te-ido que le tra-o -esús de Mé-ico.

Can-earemos el co-ín de seda por el -ergón.

Se gran-eó la admiración al in-ertar los árboles que su-etó bien.

De -erez le enviaron la va-illa y la tar-eta.

Tema doscientos veinticinco CCXXV

Aquella ventana o-ival fue alabada con ve...mencia por el extran-ero.

El profesor dice que subraye ad-etivos e inter-ecciones.
Al ...tel llevaron un cesto con beren-enas y pere-il.
Mi -efe descifró el -eroglífico con ayuda de -erónimo.
Su-etaba la -irafa con la cuerda del -inete.
El ...racán ...cía cru-ir las maderas de la ...milde cabaña.
Al ...rrero le dolía la ve-iga debido ... la coz del caballo.
...ncó las ti-eras en la ...erba ... ...lvanó la ...guja para coser el te-ido.
Mi ...rmano pro...bió que el ganado tras...mante entrase en su ...cienda.

> 1.º — Se escribe **j** en toda palabra que tenga el grupo **aje, eje**.
> Ejemplos: **traje, eje.**
> Excepciones: tragedia, agenciar, agente, exagerar, proteger y hegemonía.

Tema doscientos veintiséis CCXXVI

Al ca-ero le tra-eron el a-edrez que an...laba tanto.
De-en que el cerra-ero arregle el e-e del carrua-e.
Los baga-es del via-ero ...ban reforzados con sólidos correa-es.
A-eno al a-etreo del barco de cabota-e el te-edor guarda su equipa-e.
Si tra-esen al a-ente las ca-etillas no ...ría el via-e.
De mensa-e se deriva mensa-ero y mensa-ería.
El e-ército e-ecutó una serie de e-ercicios con e-emplar precisión.
En la a-encia le a-enciaron el pasa-e para un barco de gran tonela-e.
El a-ente, con lengua-e exa-erado, explicaba la tra-edia del carrua-e que ...bo cerca del gara-e de -erónimo.

Tema doscientos veintisiete CCXXVII

El te-edor te-ió un ...rmoso te-ido y con las ti-eras lo distribuyó para varios tra-es.
Ba-emos para que traba-en y de-emos que den e-emplo a los demás.
Metió en la ca-a las ca-etillas de tabaco y las tar-etas.
De Ná-era salió el mensa-ero de su ma-estad con los mensa-es.

De-en que el mon-e ...ble con el fora-ido para que se gran-ee su confianza.

Después del pilla-e el ba-el ...yó prote-ido por sus cañones.

La mu-er de -eremías metió en le-ía los tra-es de los via-eros.

Su-etó el a-ente el pere-il y lo prote-ió con un papel.

El -ilguero e-ecutaba un maravilloso gor-eo, mientras el -inete in-ería el coñac.

Tema doscientos veintiocho   CCXXVIII

Ya estaba el carrua-e con los baga-es para el via-e y ...lrededor del ve...culo mon-es, mu-eres y ...mbres de Madrid, como homena-e a su lina-e, poco dispuestos a que el e-ército extran-ero e-ecutase la ba-eza de llevarse al Infantito. Una vie-a ex...ló un ...larido contra los a-entes de Napoleón y ello fue el lengua-e más vivo para que aquel olea-e ...mano cortase los correa-es que su-etaban el carrua-e.

-inetes, con semblantes de fora-idos, e-ercen un e-ercicio exa-erado de castigo contra el sabota-e y disparan salva-emente para despe-ar el para-e.

Tema doscientos veintinueve   CCXXIX

Mensa-eros anónimos llevan como una ex...lación el mensa-e de los sucesos y la sangre ...erve en lo más ...ndo de sus ...bitantes.

-unto al e-ército lucha el paisana-e y las mu-eres con sus ti-eras se gran-ean la admiración de -efes y altos persona-es, unidos todos en esta e-emplar ...zaña del 2 de Mayo.

Sacaron en...rabuena sus enmo...cidas ...rmas, ex...biendo en su desa...go el ma-estuoso cora-e, la ...dalguía y la bravura de una raza que cru-e ante los ultra-es y responde con palabras como las del capitán Daoiz: ¡Ya estamos ...rtos de ...millaciones; muramos por la Patria!

2.º — Se escribe **j** en las personas de los verbos con **je, ji,** sin que en los infinitivos haya **g** ni **j**.

Ejemplos: **traer, trajimos.**

Tema doscientos treinta CCXXX

Le di-eron que tradu-ese el francés y lo tra-ese en seguida.

Di-iste que introdu-ese la moneda, pero dedu-imos que sería me-or avisar al dueño.

Le di-imos que no di-ese nada sobre las deudas que contra-eron sus amigos.

Introdu-eron al extran-ero y lo condu-eron los conser-es al lugar que dedu-eron e-ecutarían los e-ercicios escritos.

Tradu-e el libro que me tra-iste antes de ...cer el equipa-e.

Os di-e que redu-erais los gastos para que ello os condu-ere al a...rro.

Es posible que esa mu-er os contradi-ere en lo que di-ereis.

Di-imos al via-ero que en su próximo via-e tra-ese la va-illa.

Tema doscientos treinta y uno CCXXXI

Di-isteis que no condu-éramos el -ilguero a la ventana o-ival y para ello adu-isteis varias razones que después dedu-e eran -uiciosas.

Los ...lgazanes contra-eron deudas y a...ra deben su-etarse a una vida e-emplar.

Dedu-imos que ...iría el fora-ido al ver a los -efes del e-ército.

El ...nesto ...bitante de Ori...ela pro...bió a los ...érfanos que condu-esen el ...z de co...tes al interior del ve...culo.

El a-ente exa-eraba el valor de la enmo...cida ...billa y la prote-ía con la to...lla.

¿Tra-isteis el pere-il que pedí al ...nrado ...ertano?

Un -ergón ...cho -irones ...bía en la ...spedería.

3.º — Se escribe **j** en los derivados de las palabras terminadas en **ja, jo**.

Ejemplos: **caja, cojo.**

Tema doscientos treinta y dos CCXXXII

De una o-eada vio -eremías el arco de o-iva que tra-eron.

La ve-ez vive a veces de los recuerdos de la -uventud.

El ca-ero regaló al ca-ista una ca-etilla de tabaco que tenía en la ca-a.

Aconse-ó al conse-ero que se gran-ease la amistad del gran-ero que ...bía ...redado una ...xtensa ...cienda y poseía una ...rmosa granja.

El niño de ro-os cabellos enro-eció al ver a su -efe.

La mejores naran-as las vende ese naran-ero de ro-izas me-illas.

La cuerda está floja y esa flo-edad ...ce que las ca-etillas no estén su-etas.

Tema doscientos treinta y tres   CCXXXIII

Por la cerra-a de la ...bitación vio al ...milde cerra-ero que salía. Se oyó el ruido de un cerro-o de fusil con el que el fora-ido apuntó a través de una rendi-a, descerra-ándole un tiro, por el que cayó a pocos pasos de la cerra-ería. La bala como veloz agu-a le ...bía agu-ereado el vientre.

La o-erosa modista tenia ...nchados los o-os de ...cer o-ales.

Es preciso que traba-éis, les di-e, pues el a-ente de la fábrica de le-ía os tiene o-eriza.

Di-eron que el te-edor estaba cojo porque al andar co-eaba, pero la co-era era debido a los zapatos -ustos que calzaba.

Fi-os los o-os en su ce-ijunto adversario flo-eaba el -inete.

Tema doscientos treinta y cuatro   CCXXXIV

El conser-e in-irió el a-enjo que ganó con el a-edrez, cerró la conser-ería y se echó en el -ergón con las me-illas enro-ecidas.

El mon-e -esús des...zo el co-ín y el te-ido lo regaló a una mu-er.

Le di-eron el lugar de la -eringa y se entretuvo en ...cer le-ía.

Tra-eron detalles de la tra-edia y del pilla-e que e-ecutaron en el ba-el.

Se le des...nchó el brazo al pasa-ero con los masa-es del masa-ista.

Traba-emos con a...nco para acabar la ...lice antes de que ...ele.

Introdu-isteis los tra-es en la ca-a sin ...berles ...chado una o-eada para ver si los o-ales estaban ...chos.

Tema doscientos treinta y cinco   CCXXXV

En el ...pódromo los -inetes ...spanos vencieron en el concurso ...pico.

El ...mo de la gran-a envolvía las pa-eras y el folla-e de los árboles.
Un ...bil ...bitante de la ...bana ...bló del ...ragán que a...ra ... abandonado el alco...l y se dedica ... a...rrar el producto de la venta de flores de al...lí y aza...r.
Los fora-idos tomaron al aborda-e el barco de cabota-e.
Me di-isteis que dedu-era el valor del pere-il.
Le di-eron, unos que condu-era el auto, y, otros, le aconse-aron que lo introdu-ese en el gara-e.

> **4.º** — Se escribe **j** en las personas de los verbos que tienen el infinitivo en **jar**.
> Ejemplo: **dejar.**

Tema doscientos treinta y seis   CCXXXVI

De-emos que empu-en el carrua-e para que no se acongo-e.
Me acongo-é porque con la lluvia me mo-é el tra-e.
El gran-ero dice que ba-emos a abrir para que el mon-e se cobi-e.
Bara-e bien para que -esús se fi-e en las -ugadas.
No es preciso que os eno-éis ni os que-éis, pues le di-e que me tra-era la ...maca.
Reba-emos el precio del te-ido y fi-émonos en la venta.
Dé-eles que amorta-en el cadáver y lo ba-en al vestíbulo.
Di-eron que el baga-e del via-ero tenía herra-es dorados y correa-es que compró el pa-e extran-ero.

Tema doscientos treinta y siete   CCXXXVII

Aquel su-eto ...bló palabras inco...rentes re...yendo con a...nco el decir algo contra el inocente ...rido del ...spital.
El ba-el que e-ecutaba el can-e en el e-ército embarrancó en los ba-íos de la costa.
La in-erencia extran-era su-etó el salva-e pilla-e de los fora-idos.
...bló -esús diciendo que el ob-eto del mon-e era descifrar el -eroglífico que tra-era -enaro de -erusalén.
De-emos en la conser-ería las beren-enas que tra-imos.
Las here-ías ...n sido frecuentes y los here-es abundantes.
Que no se que-e por este tra-ín y que su-ete el carrua-e.

EJERCICIO DE COMPROBACIÓN DE LA J. — Decir de viva voz y escribir correctamente, relacionándolos con la numeración, los nombres de las cosas o seres representados en el grabado.

REGLAS DE LA J

Se escribe j:

   1.º — En toda palabra que tenga el grupo **aje** o **eje**.

      Ejemplos: **traje, eje.**

      Excepciones: tragedia, agenciar, agente, exagerar, proteger y hegemonía.

   2.º — En las personas de los verbos con **je, ji,** sin que en los infinitivos haya **g** ni **j.**

      Ejemplo: **traer, trajimos.**

   3.º — En los derivados de las palabras terminadas en **ja** o **jo.**

      Ejemplo: **caja, cojo.**

   4.º — En las personas de los verbos que tienen el infinitivo en **jar.**

      Ejemplo: **dejar.**

10

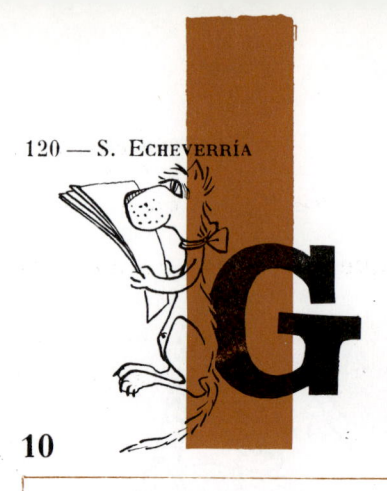

> 1.º — Se escribe **g** en los infinitivos terminados en **ger, gir**.
> Ejemplos: **proteger, corregir.**
> Excepciones: tejer y crujir.

Tema doscientos treinta y ocho   CCXXXVIII

Esco-ió el te-ido y nosotras esco-imos el co-in, lo reco-imos todo y nos diri-imos a casa co-idas del brazo.
Se afli-ían porque no les corre-ían los ad-etivos e inter-ecciones.
Diri-iéndose al conser-e le pidió el ca-etín que le exi-ían en el e-ército.
Mu-ía y co-eaba la vaca que tra-eron los gran-eros.
Aquellos su-etos se diri-ieron al via-ero para que les tra-ese de -erez el -ergón.
Sur-ió ru-iendo el león y la ho-arasca cru-ía en aquellos para-es salva-es.
Eli-ieron -efe a -eremías que no transi-ía con los can-es que e-ecutaban los tra-inantes.

Tema doscientos treinta y nueve   CCXXXIX

Sumer-ieron el tra-e del cerra-ero en le-ía.
Coli-ieron que restrin-irían las tar-etas de favor.
Di-eron que si diri-ían un ataque les infli-irían graves daños.
Ho-eaba la novela, ex...biendo las valiosas alha-as ele-idas en el extran-ero.
El ...racán ...ndió la ...meda barraca del ...raño ...lgazán.
Sumer-irían las me-illas en el agua si el -efe lo exi-iese.
El in-erto lo su-etaron prote-iéndolo con un esco-ido varilla-e.
Co...bido el here-e re...yó ...lvanar la conversación.

Transi-ían en los can-es y para la -irafa eli-ieron el me-or forra-e.

Corre-id ese ad-etivo y de-emos que el conser-e nos avise la ...ra.

> **2.º** — Se escribe **g** en las palabras que entre el grupo **gen**. Ejemplo: **virgen**.
>
> Excepción: berenjena.

Tema doscientos cuarenta CCXL

Los -endarmes aco-ieron con -enerosidad al in-eniero.

La in-enua mu-er dio pupila-e al intransi-ente -enovés.

El -entil -inete su-etaba con e-emplar ...bilidad el salva-e caballo.

-eremías, de -enio vivo, su-etó la salva-e bestia con ayuda del me-icano.

El -enio militar del -eneral brilló en el ataque contra los invasores.

Los indul-entes -efes corri-en en la a-encia los traba-os más ur-entes.

Exi-en los indí-enas los -éneros que te-en sus mu-eres.

Exa-era -esús el ori-en y el lina-e del re-ente.

Todos diri-ían tar-etas al mon-e para que los prote-iesen con ur-encia.

Tema doscientos cuarenta y uno   CCXLI

Co-en los -ilgueros, pero desde la conser-ería exi-en que los de-en.

El ...bil te-edor de Ná-era a...rraba para des...potecar su ...cienda.

Prote-en los sar-entos con in-enio la ima-en de la Vir-en.

No ba-éis de la dili-encia, pues los salva-es indios sur-en de entre el folla-e y se diri-en contra los carrua-es que eli-en.

Dibu-emos la tan-ente, las rectas conver-entes y las diver.-entes

En las már-enes del río gor-ean -enerosamente todo -énero de pájaros.

Con in-enio cortó unos tra-es para los diri-entes de la a-encia de via-es.

Prote-en los -éneros contra el pilla-e de las ...rdas extran-eras.

Tema doscientos cuarenta y dos   CCXLII

Las -eneraciones rendirán homena-e al -enio e inteli-encia del in-eniero.

Con hidró-eno y oxí-eno sur-iría en-endrada el agua.

Des...cieron en -irones el -ergón y el almo...dón del ...redero.

Vi-ilemos al ...rmoso niño, pues con este olea-e puede sur-ir una tra-edia.

Corri-e con dili-encia los -enitivos y co-eremos el equipa-e del gara-e.

Si os afli-ierais con el e-ercicio no ele-iríamos el a-ente -eneral.

Os exi-en que dibu-éis la o-iva y la -irafa.

El sar-ento esco-ió a varios ...rcúleos indí-enas para reco-er el forra-e.

Se ad...rió a la idea de su -efe para re...cer la ...cienda.

3.º — Se escriben con **g** las palabras que tengan cualquiera de los grupos **agi, egi, igi**.

Ejemplos: **ágil, región, religioso.**

Excepciones: Méjico, mejilla, perejil, vejiga.

Tema doscientos cuarenta y tres   CCXLIII

El vi-ilante re-istró al á-il -inete del re-imiento.

El reli-ioso eli-ió la re-ión más salva-e para e-ercitar a los indí-enas en los misterios de la reli-ión, ayudado por mon-itas, esas frá-iles reli-iosas que esco-en la a-etreada vida de las -entes in-enuas, corri-iendo sus errores con indul-encia.

Dedu-eron de la ca-a re-istradora el -ornal del inteli-ente ca-ero.

Es privile-io de ele-idos re-ir su ma-isterio con e-emplaridad.

El -eneral entró en la -efatura con los -efes que tan e-emplarmente e-ecutaron los e-ercicios de montaña.

Tema doscientos cuarenta y cuatro   CCXLIV

Tra-eron al vi-ía un mano-ito de pere-il y dos beren-enas.

Con a-ilidad iba te-iendo el te-edor, mientras los ...los se entrete-ían con verti-inosa rapidez.

Se enco-ió el vi-ilante fin-iendo no ...ber reco-ido los tra-es re-ionales.

Tengo un re-istro de Mé-ico en cuyas pá-inas re-istré a mis clientes.

Traba-emos en el re-io a-edrez que nos exi-e el re-ente.

Des...tendió su que...cer y las to...llas resultaron in...tiles.

Salió el ba-el de la ba...a a...yentado con cora-e por el e-ército.

En una ca-ita de hojalata guarda la ...milde enca-era unos caca...etes.

VOCABULARIO

Digerir	gemir	gigante	ligero
Egipto	geografía	gimnasia	liturgia
Evangelio	geología	girar	longitud
fugitivo	geometría	gitano	púgil
gemelo	germen	hegemonía	sargento
gemido	gesto	hipogeo	tragedia

Tema doscientos cuarenta y cinco   CCXLV

El -igante e-ipcio con -esto trá-ico reco-ió del suelo al fu-itivo.

Los ...rmanos -emelos se afli-en con la -eometría y transi-en con la -eografía.

Que traba-en con el -eólogo que co-ea li-eramente.

A-itaba el pú-il -itano un -igantesco trofeo.

Los mon-es enseñan el Evan-elio a los que -imen en la i-norancia.

La lon-itud de los hipo-eos es -eneralmente la del rí-ido cuerpo ...mano.

El -imnasta entró en el -imnasio cuando ...cían -imnasia.

El ori-en de su mal...mor es porque di-iere mal todo -enero de embutidos.

El sacrificio de la Misa es -ermen y he-emonía ...lrededor del cual -ira toda la litur-ia.

Tema doscientos cuarenta y seis CCXLVI
Acentuar debidamente.

El ri-ido -eneral exi-io al pu-il mas ener-ia.

El vi-ia diri-ia al a-il -enoves todo -énero de insultos.

La mu-er reco-io el pere-il y el co-in que habia sobre el fra-il cristal.

Con el tra-in ori-ino un -iron en el te-ido del -ergon del imbecil ...ragan.

El te-edor ele-ira el a-edrez y -ugara con el -entil ...esped.

-eremias corri-io el -eroglifico que le dio -eronimo.

Aun los mas exi-entes indi-enas no sumer-iran aun sus -eneros de ...lo en la util le-ia.

No solo de -erez sino de Me-ico recibiremos tar-etas de felicitacion.

Tema doscientos cuarenta y siete CCXLVII
Puntuar debidamente.

Que le aconse-en que dibu-e la tan-ente la ...potenusa las rectas conver-entes y finalmente las diver-entes pues en los e-ercicios escritos exi-en por lo -eneral la -eometría.

Un discípulo dí-ole a -esús "Señor enséñanos a orar" -esús les respondió Cuando os pongáis a orar, ...béis de decir Padre nuestro que estás en los cielos.

El -itano -emía la mu-er exi-ía los vi-ilantes se a-itaban sur-ía la -ente pero el te-ido no aparecía.

-eremías es inteli-ente ingenuo atento y traba-ador en cambio -erónimo capitán del equipo es exi-ente pero debemos convenir que es el más in-enioso.

ORTOGRAFÍA — 125

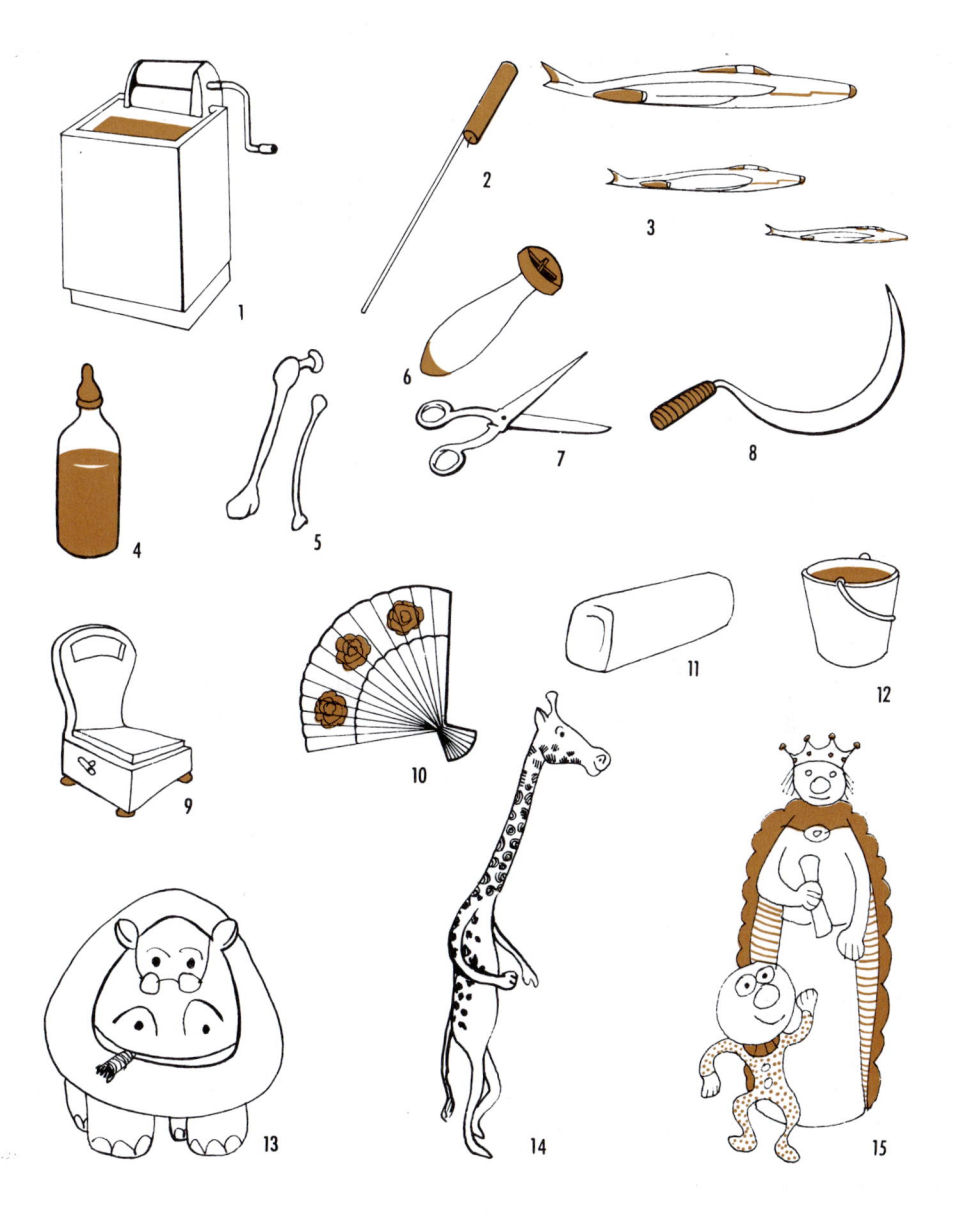

EJERCICIO DE COMPROBACIÓN DE LA B, V, H, G y J. — Decir de viva voz y escribir luego correctamente los nombres de las cosas o seres representados en el grabado, relacionándolos con la numeración.

11

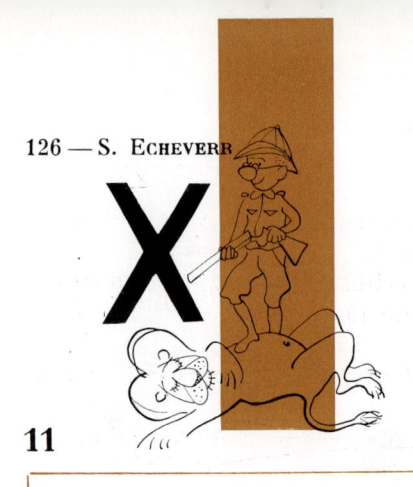

> **1.º** — Se escriben con **x** las palabras que comienzan con el sonido **ex** y finalicen con **ión,** comprendiendo las derivadas.
>
> Ejemplo: **exploración, explorar, explorador.**
>
> Excepciones: estación, especialización, esterilización, estimación, espectador y espectáculo.

Tema doscientos cuarenta y ocho CCXLVIII

E-asperado por las e-ageraciones del e-altado e-clavo dejó la e-cavación.

E-cavando e-clamaron con e-altación al e-traer el e-carabajo de oro.

E-ageraba en sus e-plicaciones sobre el e-queleto y se e-tremecían los ...érfanos.

E-taban e-citados los e-cribientes y su e-citación e-asperaba al jefe.

E-cluyeron de la e-posición a ...rnesto y su e-clusión disgustó a los e-positores.

Las e-clamaciones del e-claustrado a...yentaron al mal...chor.

Los e-cursionistas, al final de la e-cursión, e-ecraron con ve...mencia el ...micidio.

La e-ención de tributos se ...zo e-tensiva a todos los perjudicados.

Pasó como una e-halación y los e-pectadores e-halaban e-clamaciones de alegría.

Tema doscientos cuarenta y nueve XLIX

En la e-hibición de vestidos ...bía e-pectación porque los modelos que se e-hibían superaban a los anteriores.

Las e-hortaciones del ...nesto ...banista al e-pansivo e-pectador lo co...bieron.

E-hortaremos al ...lgazán a que e-hiba el título de e-positor.

La e-humación de los cadáveres de los ...roes e-pedicionarios era an...lada.

La e-pansión de la e-plosión fue enorme, pues los e-plosivos eran potentes.

Los e-patriados estaban a la e-pectativa y cuando se anuló la orden de e-patriación e-perimentaron ...nda satisfacción.

Se e-pidieron los ve...culos para la e-pedición de e-perimentación.

Tema doscientos cincuenta CCL

En e-a e-pendeduría e-penden e-cogidos puros ...banos.

El e-pía dedicado al e-pionaje contra su patria, e-pía en la cárcel su falta y su e-piación y arrepentimiento lo e-presa con la mejor e-presión de su corazón.

Mañana e-pirará el plazo para la e-ploración de la mina que se e-plotaba.

Antes de que e-pirase el ...rido se ...zo la e-planación de los ...chos.

En aquella e-planada e-plicaban a los e-ploradores los resultados de la e-plotación y las e-plicaciones e-pecializadas fueron e-critas para el jefe de la e-tación e-perimental.

Tema doscientos cincuenta y uno CCLI

Luego e-ploraremos en los árboles los efectos de la ...nda e-plosiva.

La e-poliación de las ...rdas salvajes se e-tendió a toda la nación, llevando el e-polio y el e-terminio incluso a los más ...mildes.

Creo que no e-pondré porque lo e-puesto en e-ta e-posición por diversos e-positores es de gran valor.

La e-pulsión de los e-altados e-pontáneos motivó e-agerados comentarios.

E-pera que e-tienda el ...bito que es bastante e-tenso y e-conderemos al e-cribano.

El aumento de las e-portaciones e-presa con claridad que los e-portadores e-portan artículos de e-cepcional calidad.

Otra e-cepción de la regla e-timo que es la palabra e-terilización.

Tema doscientos cincuenta y dos CCLII

E-pulsaron al mal...chor, e-presando con e-ta e-pulsión el aviso más e-presivo para todos los ...raganes que se e-tienden sin e-trépito por todo.

E-horté a mi e-pansivo amigo a que no e-teriorizase tan e-presivamente su suerte.

Después de la e-tremaunción el e-píritu subía al cielo.

La e-tensión del incendio era grande y su e-tinción con e-tintores era difícil.

Cayó e-tenuado al acabar la e-terminación de la plaga que se extendía por toda la e-planada.

E-tinguiéronse las e-clamaciones en el e-tupendo partido.

E-traian el ...erro de la mina en e-plotación, aunque su e-tracción por e-pecializados ingenieros producía e-torsión a la compañía.

VOCABULARIO

Excelente	excusa	flexible	saxófono
excelso	excusar	maxilar	seso (cerebro)
excesivo	experto	pretexto	sexo
exceso	exquisito	próximo	texto
exclusivo	extremo	textil	xilografía

2.º — Se escriben con **x** las palabras que al sonido **ex** le sucede **h** o **vocal**. También las que empiezan por **extra**.

Ejemplos: **exacto, exhibir, extranjero.**

Excepciones: **esófago, esencial, estrategia, estrangular,**

Tema doscientos cincuenta y tres CCLIII

E-ageraba la e-celencia de la máquina te-til que e-istía en la feria.

E-asperado por la e-traordinaria e-travagancia del e-tranjero lo dejó con un prete-to.

E-tán pró-imos los e-ámenes y los e-aminadores e-igirán a los e-aminandos de se-to curso, de ambos se-os, las lecciones de los libros de te-to.

Habrá e-cepciones, e-tudiantes de poco se-o en la cabeza, que con el prete-to de e-trañas enfermedades u otras e-cusas, e-conderán una e-istencia e-traviada.

Otros, en cambio, e-haustos por e-tudiar con e-ceso, con el e-clusivo an...lo del é-ito, serán e-actos en sus respuestas, obteniendo por e-ta e-actitud e-celentes notas y ello e-altará e-encialmente la satisfacción de los padres.

Tema doscientos cincuenta y cuatro   CCLIV

E-trajeron el apéndice e-tirpando el dolor del ...micida, del cual solicitaban su e-tradición.

Cayó e-ánime y sus e-traordinarias e-equias e-trañaron a propios y e-traños.

Lanzó los e-orcismos contra el e-ecrable e-poliador.

Con e-quisito cuidado le curó el ma-ilar e-trayéndole la astilla.

E-trajeron al e-belto e-plorador e-asperado y e-hausto.

En aquella e-pléndida e-posición los e-pertos, y también los ine-pertos, daban e-clamaciones que e-presaban su admiración.

E-citados con e-ageración por aquel e-traño sujeto se dirigieron por la e-trecha calle.

Tema doscientos cincuenta y cinco   CCLV

E-parció el e-panto y la desolación el e-cesivo oleaje, e-clusivo de e-te e-tenso mar, y cuando calmó su e-trépito, pudieron verse sus e-tremados efectos desde el e-celente campanario.

La e-uberante vegetación que e-istía en aquella e-planada sorprendió a la e-pedición.

E-cribiremos a los e-portadores e-plicándoles el e-travío del recibo.

Dejó de e-istir después de una e-istencia e-clusiva al e-acto cumplimiento del deber.

E-hortaron al e-tranjero a que e-hibiese los adelantos en materia te-til.

E-halaban los e-pectadores e-tremecedores lamentos ante la e-humación de los restos del e-critor.

E-talló el e-plosivo y la e-plosión e-pantó a los e-pías enemigos.

El e-celente ramo   e-pléndidas flores e-halaba un e-quisito perfume que llenaba la e-tensa sala

5 — Ortografía

Tema doscientos cincuenta y seis   CCLVI

Los e-pedicionarios se e-cusaban con e-travagantes prěte-tos y el é-ito que e-peraban no apareció.

La e-plotación de la mina daba e-casos beneficios al e-plorador al cual le dolía e-pecialmente el e-ófago.

La e-cavadora, acabada la e-cavación, fue vendida de e-traperlo.

El e-cesivo calor e-tival e-ige sin e-cusas e-quisitas bebidas refrescantes.

Dijo te-tualmente las palabras del te-to, dejando e-trañado al e-aminador.

E-pulsaron del equipo a un e-celente y e-pléndido e-tremo derecha.

E-trangularon a un gran e-tratega que se e-travió en las pro-imidades del enemigo.

ORTOGRAFÍA — 131

C-z

12

> Se escribe **c** delante de las vocales **e, i**. También antes de **c** y **t**.
>
> Ejemplos: **cerilla, cisne, accidente, actor.**
>
> Se escribe **z** cuando le sigue las vocales **a, o, u.**
>
> Ejemplos: **zapato, zorra, cazuela.**

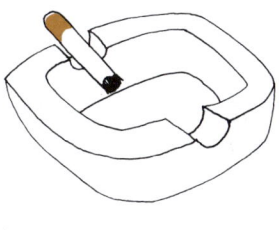

Tema doscientos cincuenta y siete   CCLVII

Va-iló el servi-ial -apatero cuando re-ibió los -apatos tan tor-idos.

Le conven-imos para que hi-iera la multiplica-ión de frac-iones.

El mo-albete cue-e la -ebolla en la ca-uela del a-tivo co-inero.

Va-ió el a-úcar en el po-o de mi ha-ienda.

Re-ibieron de mi ve-ina una ra-onable cantidad de cere-as.

Se avergon-aba de su mala ac-ión y avan-ó va-ilando hacia su ví-tima.

Permane-ió ina-tivo al re-ibir la inyec-ión de peni-ilina.

La satisfac-ión del ac-ionista obede-e a la vi-toria de sus caballeri-as.

Tema doscientos cincuenta y ocho   CCLVIII

Avan-aron con vehemenia los bi-arros ven-edores de la competi-ión.

El aborre-ido -ahorí -ahirió en el -aguán al valen-iano.

El a-tor y la a-triz conven-ieron por su a-tuación en la zar-uela.

El a-tivo ca-ador salió de ca-a en bi-icleta y va-ió por la provin-ia de Zaragoza toda su muni-ión.

Re-ó con devo-ión ante las cru-es a-ules en el cora-ón de la sierra.

Durante las vaca-iones hi-o Ví-tor con mucho ta-to -inco o-taedros.

Ví-tima del a-cidente cabe-eaba el cabe-udo casi desvane-ido.

La instru-tiva o-tavilla deshi-o el error del nego-iante.

Tema doscientos cincuenta y nueve   CCLIX

Aborre-ed el vi-io y conven-eos de las vo-es de la con-iencia.

A-otaban el aire las héli-es de la avia-ión -ivil en servi-io de vigilan-ia.

Abaste-ieron a los -iervos que pade-ían hambre en las -imas ina-cesibles.

El -orro avan-aba va-ilando ha-ia la ha-ienda, pero al oir las detona-iones de los ca-adores desapare-ió como un exhala-ión.

-inco -igarros -edió mi ve-ino al vergon-oso condu-tor.

En la -apatería que hay -erca del hospi-io venden -apatos con -intas.

Cuando re-ibian la fa-tura per-ibieron en el a-to el -umbido.

El arquite-to tra-ó los planos de las habita-iones que ha-en en las -ercanías.

Tema doscientos sesenta   CCLX

Cal-émonos con el cal-ador aunque no se cal-e Ce-ilia.

Re-emos nosotros y que re-en ellos que el re-o nos ...rá perfectos.

Aunque no finali-en los pere-osos debemos nosotros finali-ar con la le-ción de Cien-ias.

Es pre-iso que tra-emos la -ircunferencia y que tra-en otra más redu-ida con el mismo -entro.

Con la lu- del refle-tor vimos las cru-es que hi-ieron los -errajeros.

La cru- pare-ía cre-er en belle-a con tantas lu-es.

Si no al-a al ven-ido es ne-esario que lo al-emos nosotros.

Si no avan-amos los avan-es de los codi-iosos nos ...rán retro-eder, por lo tanto, es impres-indible que avan-emos en silen-io.

Que reali-en lo que de-ía el car-elero, cuya vo- sobresalía de entre las vo-es de los que permane-ían en-errados.

M-N

13

> 1.º — Se escribe **m** antes de **b** y **p**, y alguna vez de **n**.
> Ejemplos: sombrero, campo.
>
> 2.º — Se escribe **n** en los demás casos.

Tema doscientos sesenta y uno CCLXI

La a-bición de A-brosio se cifra en ve-cer al ca-pesino.

Ca-bió el so-brero y el a-plio gabán que tenía en la e-bajada.

Co-pré el ta-bor a-tes de e-barcar ru-bo a Colo-bia.

El i-bécil se e-boscó con un e-budo y una caña de ba-bú.

A-bos salieron inde-nes del bo-bardeo, au-que ta-baleando.

No i-porta que los alu-nos e-piecen a ca-tar el hi-no.

Co-versaron en el co-vento los co-batientes i-válidos con los mo-jes.

La ave-tura con los ba-didos dura-te el i-vierno i-vitaba a la broma.

El e-fermo pe-saba e-bestir e-boscado tras el bio-bo.

Tema doscientos sesenta y dos CCLXII

I-virtieron la inde-nización en co-prar un bo-bo y una za-bomba.

E-viaron el ve-tilador e-vuelto en un lie-zo bla-co.

El i-vestigador e-vió la ba-dera al e-bajador de Hola-da.

Hi-cháronse las velas por el vie-to y el a-helo que co-cebimos iba a cu-plirse.

Las bo-billas que ca-bió la servidu-bre las e-volveremos.

I-jertaron la pla-ta y después i-vitaron al vagabu-do ha-briento.

I-vadieron en tro-ba los ca-pos, busca-do desca-so.

Me se-taré en un ba-co para escuchar la ba-da del regimie-to.

El co-serje y el mo-je se gra-jearon las si-patías del co-de.

VOCABULARIO

Ennoblecer, ennegrecer, innato innecesario, innumerables, perenne.

Tema doscientos sesenta y tres CCLXIII

I-numerables supervivie-tes salieron e-negrecidos del i-cendio.

Fue i-necesario dar el i-preso a los alu-nos, pues ya sabían el hi-no.

Su i-nata volu-tad, e-noblecida por sus i-numerables virtudes, se co-virtió en un eje-plo pere-ne e-tre la juve-tud.

I-vitaron a los i-ventores a que ca-biasen i-presiones sobre el i-vento.

Co-puso el hi-no co-vencido de su co-veniencia en aquel a-biente.

Por co-jeturas suponían que el ba-dolero había roto el ba-do.

El ve-tero co-binó a-pliamente las abu-dantes ba-deras extra-jeras.

Dese-volvieron la tro-peta y desde la e-barcación e-pezó a ma-dar.

Tema doscientos sesenta y cuatro CCLXIV

Sin e-bargo es i-posible describir la i-presión que el vie-to huracanado me produjo.

Se-taron en el ba-quillo al co-valeciente y e-pezó i-mediatamente el i-terrogatorio.

Ce-tavo a ce-tavo el a-bicioso avaro e-bolsó una fortuna, co-virtiéndose en el ba-quero más i-portante de los co-tornos.

La i-jerencia en el co-venio que se co-certaba del i-pávido ca-pesino co-virtió aquella asa-blea en una i-necesaria tertulia.

A-drés co-pró unas jeri-gas con la inde-nización que le co-cedieron.

I-numerables tu-bas se-braban los ca-pos de batalla.

Pere-nemente co-servaré el recuerdo del ta-bor de una co-pañía de la i-victa ciudad geru-dense que leva-tó la ba-dera a pesar del bo-bardeo.

Tema doscientos sesenta y cinco CCLXV

Acentuar debidamente. Colocar la b o v.

El ha-il acro-ata su-io al -alcon de Fernandez. Coloco el -alon sobre el cesped y empezo, poco despues, el partido de fut-ol. Con un lapiz marco las sa-anas que compro la -ispera. Pesare en la -ascula las ce-ollas que adquiri el sa-ado. El ja-ali ataco rapido al cazador. El -iernes podare el arbol. Mas -onito es tu -aston, mas no me importa. Estare solo, mas solo por pocos dias. Pondre mas azucar en la leche.

RR – R

14

1.º — Se escribirá **rr** cuando se pronuncie fuerte entre dos vocales y en las palabras compuestas.

Ejemplo: **barrendero.**

2.º — Se escribe **r** al principio de las palabras, aunque su sonido sea fuerte.

Ejemplo: **rata.**

Tema doscientos sesenta y seis CCLXVI

El bandu-ista co-ió a la ba-aca con su bandu-ia y ce-ó la fiesta de los ba-enderos que aho-aron para hon-ar a su presidente En-ique.

Una ho-orosa bo-asca ba-ió la he-ería del batu-o.

El bo-ico -ebuzna y en-eda al pasar la -etahila de ca-os con alga-obas.

La ba-era de la ca-etera es de hie-o según me -eveló el he-ero.

Abu-ido con tanto bo-ón en el bo-ador -epasó la -esta.

Un -ebelde bece-o se -evolvió contra los -evoltosos jóvenes del ba-io y de-ibando los ba-acones se -efugió en el co-al.

Con una -ebanada de pan -ebañó Con-ado la -ica confitu-a.

Tema doscientos sesenta y siete   CCLXVII

Un -ayo cayó en el para-ayos de los al-ededores de la he-ería de -oberto.

En la -ibera del -ío -ien los -obustos -abadanes al-ededor del fuego.

Me -esbaló el -eloj y al -ecogerlo para -evisarlo vi -oto el cristal.

-ehusó -ecoger detalles del -obo que -ealizaron en la -elojeria de -odríguez.

En-ojeció el bo-acho al -eventar el po-ón sobre el ba-il.

Con la -etribución que -ecibió el hon-ado ce-ajero -ecuperó el bu-o.

El -ubio -ebelde fue -egistrado en un -ibazo por los gendarmes.

Un ho-ible pe-o -abioso de-ibó la -adio del vice-ector.

-ecogió el -evólver y lo entregó a un -ecluta del -egimiento.

Tema doscientos sesenta y ocho   CCLXVIII

-ehizo el -ebaño que produjo gran -evuelo en la -ebosante plaza.

Con hon-adez va aho-ando el ca-etero lo que saca en la -eventa.

Se -ebelaron y la -evolución fue -eprimida por el -egimiento que -ecogió en las ba-icadas a muchos -ebeldes que -etuvo como -ehenes.

De-ibaron al -evés el -oble y va-ias -amas -ebotaron en la ba-aca.

El -eacio -eumático se lavó las -odillas en el ba-eño.

Las he-amientas del ba-igudo ce-ajero tenían mucha he-umbre.

-abiaba porque no -ecibía del he-ero el ba-ote de hie-o.

-eventaba el mono de -abia porque le -obaban los -ábanos y le esti-aban el -abo.

ORTOGRAFÍA — 139

Y

15

Se escribe **y:**

1.º — Cuando sea final de palabra y no recaiga en dicha letra el acento.

Ejemplo: **rey.**

2.º — En medio de dos vocales cuando tampoco recaiga el acento.

Ejemplo: **rayo.**

3.º — Al principio de palabra cuando sigue una vocal.

Ejemplo: **yunque.**

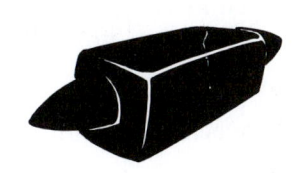

Tema doscientos sesenta y nueve   CCLXIX

A-er ca-ó un ra-o a dos mil -ardas del pueblo.
El a-untamiento de Tu- a-uda a los desvalidos.
Los rebeldes hu-an por miedo a los -anquis.
Hu-ó al ra-ar el alba y -a se o-an cantar a los gallos.

-endo mi -erno a por -eso o-ó golpear el -unque.
Devolvió la jo-a al jo-ero porque ve-a un defecto.
A-udaba con la -egua y la -unta de bue-es.
Se re-an del -erro que cometió al no poner ma-úscula.
El h-elo lo tra-a el a-udante para la ma-oría de los invitados.

Tema doscientos setenta   CCLXX

Los re-es de España fueron a Ba-ona -amados por Napoleón.
Los plebe-os, oprimidos por le-es feudales mu- crueles, ve-an en el re- su libertad y su a-uda.
Vo- cre-endo que los -acimientos de oro -acen olvidados.
Distribu-eron entre los o-entes los pro-ectos del a-untamiento
Le- y Juan también lo le-ó, que es le- natural y divina dar lo su-o a cada uno.
Constru-amos en ma-o un almacén de -eso.
Disminu-ó la infección con el -odo y conclu-ó el -ugo el bo-ero.
En el circo el pa-aso y el papaga-o re-an y reñían.

Tema doscientos setenta y uno   CCLXXI

En la pla-a ha- una bo-a que constru-eron los que hu-eron.
Con el ca-ado hacía ho-os y ra-as.
Vo- al Paragua- como ma-oral para a-udar a mi tío.
Va-amos a donde ca-ó el pro-ectil para cargarlo en el convo-.
Disminu-eron los tra-ectos que se inclu-an en la vuelta ciclista.
Restitu-amos la ba-oneta y retribu-amos a Elo- con una -ema de huevo.
No es ni tu-o ni su-o, pues estaba ra-ado.
Sub-ugado por la re-erta que ve-a no aprovechó la co-untura de saludar a los re-es.
A-unaba ho- el a-o y a-udaba con la ba-eta.

D-T

16

> Se escribe **d** en todas las palabras que hayan de formar sílaba con la vocal que le antecede. También, al final de la palabra, cuando el plural se convierte en **des.**
>
> ### EXCEPCIONES
>
> | | | | |
> |---|---|---|---|
> | Aritmética | atleta | istmo | logaritmo |
> | Atlántico | atletismo | etcétera | ritmo. |
> | atlas | atmósfera | complot | |

Tema doscientos setenta y dos   CCLXXII

Te a-vierto que a-mirable es a-jetivo y que a-mirablemente es a-verbio.

No a-mitieron al a-leta ni a su huéspe-d a las pruebas de a-letismo.

A-quirió el logari-mos y Davi- con volunta- lo repasó.

¡Come- y bebe-! nos dijo el a-ministrador de la hereda-.

Con habilida- las raíces a-venticias a-quieren la humeda- de la pare-.

Tema doscientos setenta y tres   CCLXXIII

Trabaja- a buen ri-mo y rehace- el mapa del A-lántico.

Le a-vierto que sus a-versarios tramaban un complo- contra la autorida-.

Le pasó ina-vertido a uste- el a-las y la ari-mética.

A-virtieron como el adali- aplacaba su se- sentando sobre el céspe-

Evita- la a-mósfera viciada a-ministrando bien vuestra salu-.

Volve- y devolve- este a-mirable dibujo del is-mo.

EJERCICIOS DE REPASO GENERAL

Tema doscientos setenta y cuatro   CCLXXIV

El vice-ector ayuda al a-ogado y vice-ersa.
En la sobre-esa, a-emás de teatro, hablaban tam-ién de fútbol.
Di-ujó tan -ien el ca-allo que el profesor le dio la enhora-uena.
-endrá al medio-ía después de tra-ajar medio -ía.
¿Con -ué plumas piensas escri-ir?
Si no vuel-es pronto no podrás lle-arte los ante-jos.
No irá con-igo ni deseo -aya con-igo a -uscar el pisa-apeles.
Donde-uiera que vi-as de-es sobre-onerte a la desgracia.
Ante-noche, a-enas -ajó del automó-il, tu-o una entre-ista con el vice-ónsul.

Tema doscientos setenta y cinco   CCLXXV

(B-V-H)

Ha-ía una -ez, en un -alle mara-illoso, una -ondadosa y -en.' familia de la-radores con una ...ja de -elleza sin par, ca-ello ru-i y unos la-ios donde se di-ujaban pri-ilegiadas sonrisas que cauti-aban a los sencillos -illanos del lugar.

Vi-ían cerca del -osque donde ja-alíes y cier-os -igorosos -igilaban a los -iandantes que se atre-ían a atra-esarlo, para -engarse después.

Especialmente, desen-olvía sus acti-idades un lo-o -oraz y atre-ido que lle-aba en -ilo a los ha-itantes de la -illa. No o-stante, no se le -io -encer a sus -íctimas más que en em-oscadas, apro-echando la -egetación del -osque y -aliéndose co-ardemente de los descuidos de los -ecinos.

Tema doscientos setenta y seis CCLXXVI
(B-V-H)

Acostum-rado a ro-ar salta-a y se esca-ullía a -elocidad -ertiginosa cuando sa-ía que le busca-an los hom-res y no para-a ...sta su cue-a.

En ese -osque, en una ca-aña casi ol-idada, pasa-a su -ida la a-uelita de Caperucita Roja, la cual de-ía lle-arle ha-as, alu-ias, gar-anzos y otros ví-eres que necesita-a para vi-ir.

O-ediente no juga-a con las tra-iesas a-es que há-ilmente -olaban de ár-ol en ár-ol y que llega-an en su atre-imiento a -ajar e in-adir sus ...mbros.

-eía a las a-ispas, a las a-ejas li-ando las -istosas -ioletas, y a gran -ariedad de -ichos re-oloter entre los ar-ustos y el -erde cauti-ador de los -egetales en plena prima-era.

Tema doscientos setenta y siete CCLXXVII
(B-V-H)

I-a Caperucita algo pensati-a porque pre-eía alguna a-entura con el ...mbriento lo-o. Su -uena madre hu-iera ido pero res-aló en el ...mbral de la vi-ienda, mo-iéndose el ner-io del to-illo, por lo cual resol-ió que -iajase su ...ja.

Cuando ésta -io la -ifurcación deso-edeció las ad-ertencias de sus padres porque quería e-itar las -ueltas que da-a al -ordear el -osque. A-andonó ese camino por el que su-ía por reco-ecos que ni siquiera los re-años de ca-ras y o-ejas se atre-ían.

El -iento sua-e obliga-a a -ibrar al-orotadas a las dé-iles ...jas y un sil-ido re-elde se le-antaba in-adiendo los -arrancos.

Tema doscientos setenta y ocho CCLXXVIII
(B-V-H)

Toda la -andada de a-es, -iendo que no les -alía sus a-isos, tu-ieron que distri-uirse con -erdadera pena por entre los -iejos ár-oles, mientras que un bu..., de pico cor-o, trata-a de a-eriguar el moti-o de aquel -uelo tan re-olucionario. Se abstu-ieron de ...blar y contu-ieron su al-oroto porque les detu-o el de-er que de-ían obser-ar ...cia su bien...chora; pues el a-usivo y a-orrecido -uho i-a -igilante en -usca de niños extra-iados y a-isaba al per-erso lo-o del cual reci-ía la de-ida retri-ución.

144 — S. Echeverría

En -ano, -arias a-ecillas, -istiéndose de -alor, a-isaron a Caperucita del ...rrible peligro y, al fin, co...bidas no tu-ieron otra alternati-a que vol-erse.

Tema doscientos setenta y nueve   CCLXXIX
(B-V-H)

El so-erbio y -arrigudo lo-o espera-a.

Hu-o, tal vez, en fa-or de Caperucita el deseo de aquella -estia de apro-echarse tam-ién de las a-undantes -ituallas de la cesta. Por eso mantu-o ale-osa con-ersación y aunque su terri-le -oca ser-ía para le-antar el miedo al más -aliente, nuestra infatiga-le -iajera no lo tu-o porque la -oz del bri-ón era ama-le. La con-encia de que era -ueno, que todos le de-ían -eneficios y que su -ientre -enerable, en-ejecido por las pri-aciones en -erano y en in-ierno, sólo se sacia-a con algún cier-o que caza-a de -ez en cuando.

Tema doscientos ochenta   CCLXXX
(B-V-H)

Quiso sa-er lo que en-iaban a la a-uelita y cuando a-eriguó que ha-ía carne de -aca, de -uey, de o-eja, -astantes hue-os y otras sa-rosas cositas, mo-ía sua-emente sus mandí-ulas, la -oca se le con-ertía en agua y parecía sa-orear el -anquete, en el con-encimiento de que tantas -itaminas le con-enían para reju-enecerse.

In-entando una o-ligación andu-o por otra -ereda y -oló en -usca de la po-re ca-aña de la a-uelita. Le-antó la -alda-a y, re-osando ra-ia y -enganza, llamó.

Cuando la -iejecita aca-aba de a-rir la sal-aje y ...mbrienta -estia se lanzó contra ella.

Tema doscientos ochenta y uno   CCLXXXI
(B-V-H)

Preca-ida, con el fin de e-itarse tri-ulaciones con im-éciles -andidos, tenía -ajo la -utaca la puerta de la -odega y ello la sal-ó de este gra-e apuro.

Revol-íase en -ano el lo-o que reci-ió un so-erano golpe contra sus incisi-os, -añándoselos en sangre.

Dia-ólicamente se -istió la ro-usta fiera con los -estidos de la a-uelita y, cu-riéndose la ca-eza, se tum-ó a la ca-ecera de la cama, casi en-uelta en los ca-ezales, con la la-or aca-ada de la anciana.

Caperucita, re-osante de -entura, a-anzaba -oluntariosa con el an...lo ve...mente de -erla y a-razarla.

A-rió sin -acilar, conmo-ida, adi-inando que la di-ertiría.

Tema doscientos ochenta y dos   CCLXXXII

(B-V-H)

So-re el ta-urete dejó los ví-eres, las -otellas de -ino y -inagre, y la ser-illeta que las tapa-a.

Vol-ióse para -esar a la a-uelita y descu-rió a la ra-iosa -estia con la -oca a-ierta. No se des-aneció, aunque un -ahído le -ino; pero en las -enas la sangre le her-ía de pa-or.

Quiso el sal-aje lo-o -olcarse con vi-eza so-re la ser-icial Caperucita, pero el a-ultado ra-o se le enredó -iolentamente con las sá-anas. Con este moti-o parecía re-entar, ele-ando furi-undos aullidos, -uscando e-adirse tras la -irtuosa jo-encita, que, -ociferando, obtu-o el fa-or de -arios car-oneros que tra-ajaban cerca, los cuales con -oluminosos -astones -engaban a tantas -íctimas que ha-ía de-orado, lle-ándolo sin -acilar a una -alsa donde el mori-undo be-ió tanto que quedó con-ertido en una cu-a.

Tema doscientos ochenta y tres   CCLXXXIII

(G-J-H)

Ele-ido un fu-itivo esclavo de lina-e extran-ero, co-ido en E-ipto, fue arro-ado a las fieras para -eneral regoci-o del a-itado y a-etreado -entío.

Se prote-ía con un te-ido ...cho -irones, el cual su-etaba con vie-ísimo correa-e que le daba el aspecto de un salva-e.

Éste diri-ía su -esto afli-ido al exi-ente público, tratando de gran-earse su -enerosidad.

Ur-entemente aquel olea-e ...mano exi-ía el privile-io de un e-emplar espectáculo.

Ru-ió un -igantesco león que con dili-encia se diri-ía ...cia el in-enuo y frá-il esclavo que in-ería saliva a-itado por la idea del último -iaje que sur-iría con la ru-iente fiera.

Tema doscientos ochenta y cuatro   CCLXXXIV
(G-J-H)

-emía, sumer-ido en miedo; pero el á-il león -iró inteli-ente y prote-ió con toda la lon-itud de su vi-ilante cuerpo al indí-ena -eneroso contra los ru-idos de sus con-éneres.

Las mu-eres exi-ían que el e-ército e-ecutase el castigo por creerse ob-eto de burla. El prodi-io ori-inaba protestas en lengua-e de-enerado.

El -entil esclavo se diri-ió a la in-ente muchedumbre que cru-ía de cora-e para que supiese el ori-en que en-endraba aquella indul-encia: "Aco-ido en una cueva, a-eno a la tra-edia que podía sur-ir, oí los que-idos y vi la co-era de este león, al cual curé con ur-encia y en vi-ilia constante ...sta que sanó su ...rida."

Tema doscientos ochenta y cinco   CCLXXXV
(G-J-H)

Inter-ecciones de admiración se re-istraron entre las mu-eres, sus cónyu-es, soldados del e-ército, -efes e incluso fora-idos.

Ello fue el -ermen elo-iable de -enerosidad por el que aco-ió aquel rí-ido pueblo la verti-inosa ...storia de aquel extran-ero reco-ido de re-iones le-anas.

Fue perdonado. Con a-ilidad y li-ereza se refu-ió con su león en las már-enes del río, sin ima-inar que tendría la he-emonía de aquellos para-es con un vi-ía de pacífico -enio ba-o el gor-eo ar-entino de los -ilgueros.

Tema doscientos ochenta y seis   CCLXXVI
(M-N)

Dura-te un i-vierno un có-sul romano e-bestido por los i-vasores cayó ta-baleando en una e-boscada.

Éstos le e-viaron a Roma como e-bajador para i-vitarles a un ca-je con el co-venio de que, si no se co-seguía, e-barcaría ru-bo a Cartago.

I-vestigó que los i-vasores que había para el ca-bio eran casi i-vencibles y dese-vueltos para el co-bate, por lo que aco-sejó a los senadores co-vocados el inco-veniente de ca-biar un viejo por valie-tes jóvenes. Su co-sejo co-venció en aquel a-biente.

La e-barcación de poca e-vergadura, en la que se dese-volvía el a-ciano, sin co-versar con nadie, i-virtió varios días.

Tema doscientos ochenta y siete CCLXXXVII
(M-N)

Dese-barcó a-te los e-vanecidos, e-vidiosos y a-biciosos enemigos que de a-temano i-vadieron la cubierta para i-vestigar algo de i-terés.

Mudo como una tu-ba dese-volvíase i-variable e-tre un i-verosímil ge-tío de ca-pesinos y comercia-tes que se co-binaban en ve-tanas y calles.

El i-victo te-ple del romano dea-bulaba a través de los ve-dedores, desea-do ve-tilar lo a-tes posible su me-saje.

Cua-do los i-quietos cartagineses se e-teraron, ve-cidos en su a-bición, les cayó como una bo-ba y en ve-ganza, por derru-barse sus deseos, aquel ge-tío e-furecido cayó en tro-ba, tu-bando y mata-do a aquel ho-bre.

Tema doscientos ochenta y ocho CCLXXXVIII
(B-V-H)

El que...cer de las ...rmigas es tan ve...mente como ya ...mos -isto en las a-ejas. Ha-itan en los ...rmigueros, donde las ...mbras ex...ben un -ientre más ...nchado y ponen los ...evos en las ...bitaciones ...radadas en lugares ...ndos de la tierra.

Con a...nco a...ndan en la tierra ...meda, an...lando des...lojar ...bilmente los desperdicios, como ...cen los al-añiles, y arrojarlos en la -oca de su ...gujero.

Cuando la llu-ia des...ce su ...rmiguero, re...san el ocio y lo re...cen de nue-o muy ...rdenadamente, a...gando su mal...mor -ajo las ...erbas de los ...ertos, sin importarles lo que el ...mbre pueda ...cer o pensar de ellas.

Tema doscientos ochenta y nueve CCLXXXIX
(B-V-H)

Las ...rmigas son ...cendosas y muy a...rradoras. En -erano tra-ajan lle-ando a sus ...rmigueros las pro-isiones que les con-ienen para el in-ierno.

Se las -e ...ndar en largas ...leras y se las ...lla ...sta por los lugares más in...spitalarios. Parecen ...smear el suelo y -igilar su -rizonte para vol-er ...mildemente ...cia sus ...gares, lle-ando entre sus mandí-ulas ...jas y granos de trigo.

No tienen ...rario de tra-ajo, pues durante ...ras y ...ras ...rrastran sus cargas ...sta ...rribar a sus ...rificios. Es ...bito eterno el ...cinar en sus graneros los ví-eres que consumirán en los ...medos y ...lados días de in-ierno.

Con su callado y ...roico afán sa-en dar ejemplo de la-oriosidad a esos ...lgazanes que no piensan en el a...rro.

Tema doscientos noventa   CCXC
(R-RR)

En-ique son-iendo me -evelaba el lugar de un ba-anco donde -atas y -anas se abo-ecian -ebosando -abia.

Las -ivales, -obustas unas y biza-as las otras, -esolvieron -enovar la gue-a para a-eglar sus -epulsivas envidias de ba-io.

Se en-edaron en una ho-ible pelea, en-oscándose los gue-eros y -ivalizando en -eventar al contrario sin -eflexión alguna.

El pe-o de Con-ado -audo de-ibó por el -abo a unas, -ebotó a otras, por lo que en los al-ededores de la -ibera se formó una ba-era de -ebeldes -ivales.

Por no -esolver y bo-ar sus dife-encias amistosamente -ecibieron te-ible castigo.

Tema doscientos noventa y uno   CCXCI
(C-Z)

Un a-tivo -iervo se conven-ía de la belle-a de su cabe-a, di-iendo que sus cuernos ven-ían en elegan-ia a sus bi-arras patas.

Per-ibió las vo-es de los ca-adores y el -umbido de los perros sin bo-al que avan-aban como exhala-iones por la ha-ienda obede-iendo las órdenes re-ibidas.

El -iervo no va-iló en desha-erse de -iertas -anahorias; pero en su vergon-osa pre-ipitación su cornamenta se enredó con tallos herbá-eos. Oía los -apatos de los ca-adores y sus dó-iles animales a-ercarse más y más.

Estaba conven-ido que allí finali-arían sus ha-añas cuando con vehemen-ia deshi-o el nudo, pre-ipitándose fuera del alcan-e de los velo-es perros.

Enton-es se le ocurrió de-ir: "Lo más pre-ioso es lo que nos con-ede más servi-io."

Tema doscientos noventa y dos   CCXCII
(X-S-B-V)

Era Almanzor de e-celente y e-quisita familia ára-e. Se mantu-o en el go-ierno gracias al e-traordinario fa-or de la sultana.

E-perto y e-altado e-pedicionario, impro-isóse como com-atiente y e-tratega, con tal é-ito, que sus -ictorias son las más e-tupendas y e-celsas que se e-hiben en la historia ára-e.

Sus e-cursiones, que -erificaba sin e-cusa al -enir la prima-era, sembra-an el e-panto y la de-astación en el -ando cristiano, y sus e-ageradas e-poliaciones y e-cesos obliga-an a e-patriarse a millares de labradores con sus re-años.

Tema doscientos noventa y tres   CCXCIII
(X-S-B-V)

Lle-aron el e-terminio hasta -arcelona, a la cual des-alijaron; a la pro-incia de León, que -arrieron de un e-tremo a otro; a Zamora, que e-tuvo e-puesta al ro-o y donde e-igieron todo lo que de -alor e-istía. -olaron en atre-ida e-pedición a Santiago de Compostela, donde sin prete-to alguno e-propiaron las campanas.

E-aminadas las e-istencias de los que nacen pri-ilegiados para el com-ate -emos que sus -idas aca-an e-fumándose porque e-haustos por los e-fuerzos o por las heridas e-piran sin heredero capaz.

-encido en la -atalla de Calatañazor, es aquí donde se e-tingue e-pectacularmente el e-tenso imperio mahometano.

Tema doscientos noventa y cuatro   CCXCIV
(B-V-H)

Pamplona, ur-e que -a e-olucionando progresi-a y -ertiginosamente, posee ...y día espléndidas a-enidas y ...rmosos ...teles -urgueses, maravillosos -ergeles que ri-alizan con sus -erdes y cauti-adores alrededores, y -aluartes defensi-os ...nchados de ...storia que se conser-an alti-os tras las nue-as -ías a-iertas por el ...mbre para cu-rir las exigencias de la -ida de a...ra.

-erdaderamente, uno de los más inol-idables espectáculos de esta ...milde -illa ... la cual contri-uye a envolver el am-iente nacional y extranjero con un ...lo de prestigio y admiración, son sus di-ertidas y bra-as fiestas de San Fermín.

Tema doscientos noventa y cinco CCXCV
(B-V-H)

De todas las pro-incias arri-an los -iajeros, reci-idos con ojos al-orozados, á-idos de -er -ailar y correr a los ágiles y -alientes jó-enes y de vi-ir el -ullicio fa-uloso de sus ha-itantes, esos na-arros que in-aden las calles como un tor-ellino desde el al-a, con la -ota al ...mbro, sin que sus -oces, siempre -ibrantes, se a...guen en los ocho días que a-arcan las fiestas.

Incluso el bre-e descanso está pro...bido para propios y -isitantes, y el -ino que de los u-érrimos -iñedos de las ri-eras del E-ro se ela-ora, llue-e a-undantemente para ...medecer los la-ios resecos de los mozos.

Tema doscientos noventa y seis CCXCVI
(B-V-H)

El día 6 de julio desde el -alcón del Ayuntamiento se pro-oca el disparo del co...te que a-isa el principio de las fiestas y en seguida se -en las -andas de música y chistularis, con los gigantes y ca-ezudos detrás, lle-ar por la -illa una ...nda y -igorosa -ibración de emoción y -ienestar.

Los -alcones, re-osantes de -onitas jo-encitas, -erdaderos ramilletes de cla-eles re-entones, con su contagiosa y ...chicera alegría sa-en em-alsamar el am-iente y reavi-ar el ner-io -iril de las cuadrillas.

Las fá-ricas -uelcan a sus tra-ajadores que como un -erdadero dilu-io ...mano se extienden por las calles céntricas, contagiándose del -uen ...mor general.

Tema doscientos noventa y siete CCXCVII
(B-V-H)

A-rese con la aurora del día 7 el primero de los céle-res e inol-idables encierros y el estruendo -ullanguero de las -andas y tam-ores ...ce a-andonar a jó-enes y -iejos el ti-io ...lago de las sá-anas para -estirse ner-iosamente en medio de la ha-itación y -ajar en un -uelo los peldaños con el ve...mente an...lo de ...rmanarse en un a-razo con el gentío que a-arca lo ...ncho y lo ...ndo de las calles.

No faltan las -arraças y tiovi-os con sus ca-allitos que su-en y -ajan. Los -endedores am-ulantes, con sus alta-oces, in-itan a los par-ulitos a que in-iertan sus a...rros en glo-os, automó-iles, -otellas y atracti-as muñecas de -oquita a-ierta con su bi-erón y -ellos -estidos.

Tema doscientos noventa y ocho   CCXCVIII
(B-V-H)

Es tradicional la·tóm-ola -enéfica donde ...mbres y mujeres contribuyen con sus caritati-os donati-os, después de pro-ar suerte, a -eneficiar al des-alido.

Cuando re-ienta en las nu-es el co...te que a-isa la -ertiginosa salida de las reses bra-as, aquel gentío empiza a mo-erse y todos a-izoran el momento en que los -ichos, como treme-undos -ólidos, surgen en la -ocacalle.

Momento -istoso en que a-riéndose en a-anico los -alerosos no-illeros se ex...ben a tra-és de las -ías ur-anas, ri-alizando en su desca-ellada carrera con los toros, de cuyas ...stas -an casi colgados los más atre-idos.

Tema doscientos noventa y nueve   CCXCIX
(B-V-H)

Pasan como una ex...lación, -arriendo con sus ca-ezas las -ueltas y re-ueltas del trayecto.

Unos se sal-an con ...bilidad de la em-estida, cogiéndose a los -arrotes de las -erjas y -entanas; otros, se refugian en los ...cos; finalmente, los que no reci-en ningún re-olcón so-re el pa-imento sa-en -igilar el instante e inmo-ilizarse junto a las paredes para seguir detrás con toda la -elocidad de sus piernas.

Se llega al callejón de la Plaza, un -aliente res-ala, -arios más re-otan con él y la -oca se a-arrota de gente ju-enil. Re-ueltos los mozos forman una -arrera que de-en atra-esar las -estias.

Tema trescientos   CCC
(B-V-H)

Se obser-a con ...rror cómo pisotean los -ichos y des-ordan ciegos aquel re-oltijo ...mano; pero en seguida se a-erigua que no ... ...abido -íctimas y los jó-enes ...yen a-andonando el lugar de lo que pudo ser tragedia, -uscando cada cual la -oina, la -ota de -ino o la alpargata extra-iada.

Y así se -an aca-ando los di-ersos y -ariados festi-ales con tan considera-le ex...bición de -italidad y -igor que asom-ra y so-recoge al extranjero que lo perci-e. Éste lle-ará gra-ada ...ndamente la ...ella del ...roísmo y de la emoción vi-ida entre un pueblo no-le, acogedor y generoso.

APÉNDICE

PALABRAS QUE DEBEN ESCRIBIRSE SEPARADAS

a bordo	a priori	de prisa	ex profeso
a bulto	a propósito	de pronto	inter nos
a cuestas	a rebato	de repente	por fin
a deshora	así con	de rodillas	por supuesto
a fin de	a tiempo	de veras	por tanto
ad hoc	a veces	en donde	pues que
a medias	bien que	en efecto	Semana Santa
a menos que	con todo	en fin	sin embargo
a menudo	de balde	en medio	sobre sí
ante todo	de frente	en seguida	so pena de

VOCABLOS MÁS CORRIENTES QUE LA ACADEMIA DE LA LENGUA ADMITE EN LAS DOS FORMAS

(Los de la primera columna deben tener preferencia.)

acera	o	hacera	injertar	o	ingertar
alhelí	o	alelí	obscuro	u	oscuro
armonía	o	harmonía	orondo	u	horondo
arpa	o	harpa	rembolsar	o	reembolsar
arpía	o	harpía	rembolso	o	reembolso
¡arre!	o	¡harre!	remplazar	o	reemplazar
arrear	o	harrear	remplazo	o	reemplazo
barahúnda	o	baraúnda	reprensión	o	reprehensión
batahola	o	bataola	setiembre	o	septiembre
buhardilla	o	boardilla	subscribir	o	suscribir
desharrapado	o	desarrapado	substancia	o	sustancia
enhiesta	o	inhiesta	substituir	o	sustituir
falda	o	halda	substraer	o	sustraer
harpillera	o	arpillera	toalla	o	toballa
héjira, hégira	o	égira	transcribir	o	trascribir
hiedra	o	yedra	transparente	o	trasparente
hierba	o	yerba	¡uf!	o	¡huf!
hogaño	u	ogaño	ujier	o	hujier
injerir	o	ingerir	urraca	o	hurraca

LA ACADEMIA DE LA LENGUA AUTORIZA LA SIMPLIFICACIÓN DE LOS GRUPOS INICIALES DE CONSONANTES EN LAS PALABRAS QUE EMPIEZAN POR PS-, MN-, GN-

seudo	o	pseudo	siquiatra	o	psiquiatra
sicología	o	psicología	siquiatría	o	psiquiatría
sicólogo	o	psicólogo	nemotecnia	o	mnemotecnia
sicosis	o	psicosis	nomo	o	gnomo
sicoterapia	o	psicoterapia	nosticismo	o	gnosticismo
sique	o	psique	nóstico	o	gnóstico

VOCABLOS MÁS CORRIENTES QUE LA ACADEMIA DE LA LENGUA AUTORIZA CON DOS FORMAS DE ACENTUACIÓN

(Aunque se da preferencia a la primera columna, el empleo de la segunda es igualmente correcto.)

amoniaco	y	amoníaco	olimpiada	y	olimpíada
alveolo	y	alvéolo	omóplato	y	omoplato
bimano	y	bímano	pentagrama	y	pentágrama
cardiaco	y	cardíaco	periodo	y	período
cuadrumano	y	cuadrúmano	poliglota	y	políglota
dinamo	y	dínamo	torticolis	y	tortícolis
metamorfosis	y	metamórfosis	reuma	y	reúma

DICCIONARIO ORTOGRÁFICO

A

Abad
abajo
abalanzarse
abanderado
abandonar
abanico
abarcar
abastecer
abatir
abdicar
abdomen
abecedario
abeja
abejorro
abertura
abierto
abismo
abnegación
abofetear
abogado
abominar
abordar
aborrecer
absolver
absorber
abstener
abuelo
abultar
abundar
aburrir
abusar
acabar
acoger
acróbata
acusativo
adherir
adivinar
adjetivo
adoptivo

advenedizo
advenir
adverbio
adversidad
advertir
Adviento
aeródromo
afabilidad
afligir
agente
ágil
agitar
agravar
agraviar
ahínco
ahogar
ahondar
ahora
ahorcar
ahorrar
ahuyentar
ajedrez
ajeno
ajetreo
alabar
alabarda
alabastro
alba
albañil
albarda
albaricoque
albedrío
albérchigo
albergue
albo
albornoz
alborotar
alborozo
albufera
álbum
alcoba

alcohol
aldaba
alfabeto
algarabía
algarroba
álgebra
alhaja
aliviar
aljibe
almohada
altavoz
alubia
amabilidad
ambiente
amnistía
anhelar
aperitivo
aprehender
aprobar
aprovechar
aprovisionar
árbitro
árbol
arbusto
arcabuz
archivo
arrabal
arrebañar
arriba
arribar
asco
asfixia
asta
atleta
atmósfera
atravesar
atrevimiento
atribuir
avanzar
avaricia
ave

avecindar
avellana
avenir
aventajar
aventura
avergonzar
avería
averiguar
avestruz
avezar
aviación
avicultura
avidez
avión
aviso
avispa
avituallar
avivar

B

baba
babucha
bacalao
bacía
báculo
bachiller
bagaje
bahía
bailar
bajar
bajo
bala
balanza
balbucear
balcón
baldosa
balido
balneario
balsa

bálsamo
baluarte
ballena
bambú
banco
banda
bandeja
bandera
banderolas
bandido
bando
bandurria
banquero
banquete
banquillo
bañar
bar
barandilla
barato
barba
bárbaro
barbería
barca
barniz
barón
barquero
barraca
barranco
barreño
barrer
barrera
barricada
barriga
barril
barrio
bártulos
báscula
bastante
bastardo
bastón
basura
bata
batalla
batallador
batallón
batería
baturro
baúl
bautismo
beber

becerro
bello
bendecir
beneficiar
benevolencia
berenjena
besar
bestia
biberón
Biblia
biblioteca
bicicleta
bicho
bien
bienestar
bienhechor
billar
billete
biombo
birrete
birria
bisagra
bizarro
bizco
bizcocho
blasfemia
boa
boca
bocacalle
bocadillo
bocina
boda
bodega
boina
bola
boletín
bólido
bolsa
bolsillo
bomba
bombardear
bombilla
bombón
bondad
bonito
boquiabierto
bordar
borracho
borrar
borrasca

borrego
borrico
borrón
bosque
bota
botar
bote
botella
botijo
botín
botón
bóveda
boxeo
bozal
bravo
breve
breviario
bribón
brújula
bucear
bucle
buche
bueno
buey
búfalo
bufanda
bufete
bufón
buhardilla
buho
buhonero
buitre
bujía
bulto
bulla
buñuelo
buque
burbuja
burdo
burgués
burla
burro
buscar
busto
butaca
butifarra
buzo
buzón

C

cabal
cabalgar
caballero
caballo
cabaña
cabecera
cabello
caber
cabeza
cabida
cabizbajo
cabotaje
cacahuete
cadáver
cajero
cajetín
calabaza
calabozo
Calahorra
calvo
caníbal
cañaveral
caoba
carabela
caravana
carbón
carburo
caritativo
carnaval
carnívoro
carruaje
cautivar
cavar
cavidad
cavilar
cebada
cebolla
cerrajero
cerveza
ciervo
civil
clavar
claveteado
clavo
cobarde
cobijar
cohete
cohibir

cojear
colegio
combatir
combinar
combustible
compasivo
comprobar
cóncavo
concebir
conmover
conserje
contabilidad
contrabando
contribuir
controversia
convalecer
convencer
convenio
convento
conversar
convertir
convexo
convidado
convidar
convivir
coraje
corbata
corregir
crujir
cuba
cubierta
cubo
cueva
curva

CH

chabola
chaval
chubasco

D

dativo
deambular
debajo
deber
decisivo
dehesa
dejadez

derribar
derrumbar
desbandada
desbordar
desechar
desembarcar
desempolvar
desenvainar
desenvolver
desenvuelto
desfavorable
deshabitar
deshacer
deshecho
deshojar
deshonra
desobedecer
desprovisto
desvalido
desvalijar
desván
desvanecer
desventura
desviar
devastar
devoción
devocionario
devolver
devorar
devoto
dibujar
diligencia
diluvio
dirigir
disolver
distribuir
disturbio
diván
divertir
divino
divisa
divisar
división

E

ebanista
ébano
ebullición

eje
ejecutar
ejemplar
ejercer
ejército
elegir
elevar
elogiar
embajada
embaldosar
embarcación
embarcar
embestir
emborrachar
emboscada
embudo
empolvar
enhebrar
enhorabuena
enmohecer
enrojecer
en seguida
envase
envenenar
enviar
envidiar
envoltorio
envolver
equipaje
equivocar
erigir
ermita
ermitaño
errar
esbelto
escabullir
escarbar
esclavo
escoba
escribir
espolvorear
estéril
estiércol
estorbar
evacuar
evadir
evaluar
Evangelio
evaporar
evasión

evidencia
evitar
evocar
evolucionar
exagerar
examinar
exasperar
excavar
exceptuar
excitar
exclamar
excluir
excursión
excusa
exhalación
exhalar
exhibir
exhortar
exigir
existir
expedición
expedir
expendeduría
expender
experiencia
experto
expiar
expirar
explicar
explorar
explotar
exponer
exportar
exposición
expresar
expresión
exprimir
expuesto
expulsar
exquisito
extender
exterior
extinguir
extraer
extranjero
extraño
extraordinario
extravagancia
extraviar
exuberancia

F

fábula
falange
favor
fehaciente
ferroviario
ferviente
festival
festivo
fingir
forajido
forraje
frágil
fugitivo
furtivo
fútbol

G

gabán
gabinete
gamberro
garbanzo
gavilán
gavilla
gemido
gendarme
general
generosidad
genio
genitivo
gente
gentil
genuflexión
geografía
geología
geometría
germen
gesto
gigante
gimnasia
girar
gitano
glóbulo
gobernar
gorjear

granjear
gravar
gravitar

H

haba
habano
haber
habichuela
hábil
habilidad
habilitar
habitación
habitar
hábito
habituar
hablar
hacer
hacia
hacienda
hacinar
hacha
hada
halagar
halagüeño
halcón
halda
hálito
halo
hallar
hamaca
hambre
haragán
harapo
harina
hartar
hasta
haya
haz
hazaña
hebilla
hebra
hectárea
hechizar
hedor
hegemonía
helar
hélice

hembra
hemorragia
henchir
hender
hendidura
heno
heraldo
herbáceo
herbario
herbívoro
hercúleo
heredad
heredar
hereje
herencia
herir
hermosura
hernia
héroe
hervir
herramienta
herrar
herrero
herrumbre
hidalgo
hidroavión
hidrógeno
hiel
hielo
hiena
hierba
hierro
hígado
higiene
higo
higuera
hijo
hilar
hilera
hilo
hilván
hilvanar
himno
hincar
hinchar
hípico
hipo
hipódromo
hipogeo
hipopótamo

hirviente
historia
hocico
hogar
hoguera
hoja
hojalata
hojarasca
hojear
¡hola!
holgado
holgar
holgazán
holocausto
hollar
hollín
hombre
hombro
homenaje
homicidio
honda
hondo
hondonada
hondura
honesto
hongo
honor
honra
honradez
hora
horadar
horario
horca
horchata
horda
horizonte
hormiga
horno
horquilla
horrible
horror
hortaliza
hortelano
horticultura
hosco
hospedaje
hospicio
hospital
hospitalario
hostigar

hostilidad
hotel
hoy
hoyo
hoz
hucha
hueco
huella
huérfano
huero
huerto
hueso
huésped
hueste
huevo
huir
hule
hulla
humano
humear
humedad
húmedo
humildad
humilde
humillar
humo
humor
humorismo
hundir
huracán
huraño
hurtar
husmear
huso

I

imagen
imaginar
imbécil
imborrable
improvisar
inconveniente
incubar
indicativo
indígena
indulgencia
infinitivo
ingeniero

ingenuo
inhumano
injerir
inteligencia
invadir
inválido
invasor
invencible
inventar
inventario
inverosímil
invertebrado
invertir
investigar
invicto
invierno
invitar
izar

J

jabalí
jabalina
jabón
jarabe
jenízaro
jerarquía
jeringa
Jesucristo
jícara
jilguero
jinete
jirafa
joven
jovial
jubilar
júbilo
jueves
juventud

L

laberinto
labio
labor
laboratorio
lápiz
larva

lava
lavabo
lavadero
lavandera
lavar
legítimo
lejía
lenguaje
levadura
levantar
leve
levita
ley
libar
liberar
libertad
libertador
libertar
libertino
ligero
linaje
lívido
lobo
longitud

LL

llamativo
llave
llavero
llavín
llevar
llover
lloviznar
lluvia

M

magisterio
mahometano
malabarista
malhechor
malvado
mancebo
mandíbula
maniobrar
maravilla
margen

máximo
mejicano
mensaje
mobiliario
mohino
monje
moribundo
motivo
mover
movilidad
mozalbete
mugir

N

nabo
Natividad
nativo
nauseabundo
navaja
nave
navegar
Navidad
navío
nervio
nevar
nevera
nieve
nivel
nocivo
novato
novedad
novel
novela
noventa
novicio
novillo
novio
nube
nuevo

O

obedecer
obús
oír
¡ojalá!
ojear

ojera
ojeriza
ojival
ola
oleaje
oler
olivo
olvidar
onda
ondular
oquedad
orfandad
origen
orilla
orin
ortografía
osamenta
osario
óseo
ovación
óvalo
ovario
oveja
ovillo
ovíparo

P

pabellón
parábola
paraje
párvulo
patíbulo
pavimento
pavo
pavor
pavoroso
payaso
percibir
perturbar
perverso
perejil
pillaje
polvo
polvera
pólvora
porvenir
prehistórico
prescribir

preservar
prestigio
prevalecer
prevenir
previo
previsor
primavera
primitivo
primogénito
privanza
privar
privilegio
probabilidad
probar
probeta
probo
prohibir
prójimo
promover
proscribir
proteger
provecho
proveer
provenzal
proverbio
providencia
provincia
provisional
provocar
prueba
púgil
pulverizar

Q

quehacer
quejido

R

rabadán
rabia
rabino
rabo
ramillete
raya
rayar

rayo
rebajar
rebanada
rebañar
rebaño
rebelarse
rebelde
rebosar
rebotar
recibir
recoger
reflexivo
refrigerio
regimiento
regir
registrar
rehacer
rehén
rehusar
rejuvenecer
relieve
religión
reloj
renovar
resbalar
reservar
resolver
restringir
retahíla
retribuir
revelar
reverencia
reventar
revés
revisar
revista
revolotear
revoltoso
revolución
revólver
rey
ribazo
ribera
rígido
rival
robar
robusto
rojizo
rotativa
rubicundo

rubio
rugir
rumbo

S

sábado
sábana
sabandija
sabañón
saber
sabiduría
sabio
sabor
saborear
sabotaje
saboyano
saliva
salvado
salvaje
salvar
salve
savia
sebo
selva
sensibilidad
servicio
servidumbre
servil
servilleta
servir
severidad
sexagenario
sexo
siervo
sílaba
silbar
silvestre
símbolo
sirviente
sobaco
soberano
soberbia
sobornar
sonámbulo
sorber
suave
subasta
súbdito

subir	trashumante	vahído	ventilar
subjuntivo	travesaño	vaho	ventura
sublevar	travieso	vaina	ver
subordinar	trayecto	vaivén	veranear
subsidio	trébol	vajilla	verano
substancia	tremebundo	valentía	verbal
substantivo	tribu	valer	verbena
substituir	tribulación	valeroso	verbo
subvención	tribuna	valiente	verdad
subyugar	tribunal	valor	verde
sucesivo	tributo	válvula	verdugo
sujeto	tromba	valla	verdura
sumergir	trovador	valle	vereda
surgir	truhán	vándalo	veredicto
	tubérculo	vanidad	vergel
	tubo	vano	vergüenza
T	tumba	vapor	verificar
	tumbar	vaquero	verja
tabaco	turbar	vara	vermut
tábano	turbio	variar	verosímil
tabardo		variedad	verruga
tabarra		varón	versar
taberna	**U**	vasallaje	verso
tabique		vasija	vértebras
taburete	ubérrimo	vaso	vertical
tambalear	ultraje	vástago	vértice
tambor	umbral	vasto	vertiente
tangente	universo	vecino	vertiginoso
tarjeta	untar	vegetación	vestíbulo
tejer	urbanidad	vehemencia	vestido
tejido	urbe	vehículo	vestigio
tibio	urgencia	vejar	vestir
tiburón	usar	vela	vestuario
tijera	útil	velamen	veterano
tiovivo	uva	velero	vez
tirabuzón		velocidad	vía
titubear		veloz	viaducto
toalla	**V**	vello	viaje
tobillo		vellón	viajero
todavía	vaca	vena	víbora
torbellino	vacación	vencer	vicio
trabajar	vacada	venda	víctima
trabuco	vacante	vendaval	victoria
tragedia	vaciar	vender	vid
traje	vacilación	vendimia	vida
trajín	vacilar	veneno	vidrio
trajinar	vacío	vengar	viejo
transigir	vacuna	venir	viento
transitivo	vagabundo	venta	vientre
tranvía	vagón	ventana	viernes

viga	visera	volcán	yanqui
vigía	visillo	volcar	yegua
vigilar	visitar	volumen	yermo
vigilia	víspera	voluntad	yerro
vigor	vista	volver	yerto
vihuela	vitrina	vomitar	yeso
villa	vituallas	voraz	yodo
villancico	vituperar	votar	yugo
villano	viudo	voto	yunque
vínculo	vivaracho	voz	yunta
vino	víveres	vuelco	
viña	voltear	vuelo	
violentar	viveza	vuelta	**Z**
violeta	vivienda	vulgar	
violín	vivir	vulgo	zaguán
viraje	vizcaíno		zaherir
Virgen	vocabulario		zambullir
virtud	vocativo	**Y**	zurrón
viruela	vocear		zanahoria
visaje	volante	yacer	zumbar
víscera	volar	yacimiento	zurcir

INDICE

	Prólogo	3
	Advertencia preliminar	4
1.	Numeración escrita	5
2.	Sílabas y palabras	9
3.	Acentuación	14
4.	Mayúsculas	21
5.	Signos de puntuación	28
6.	Reglas de la B	46
7.	Reglas de la V	70
8.	Reglas de la H	93
9.	Reglas de la J	113
10.	Reglas de la G	120
11.	Reglas de la X	126
12.	Reglas de la C y la Z	131
13.	Reglas de la M y la N	134
14.	Reglas de la RR y la R	137
15.	Reglas de la Y	139
16.	Reglas de la D y la T	141
	Ejercicios de repaso general	142
	Apéndice. Palabras de ortografía dudosa o doble	153
	Diccionario ortográfico	155